AF587614

Schriften zum Medien- und Informationsrecht

herausgegeben von
Prof. Dr. Boris P. Paal, M.Jur.

Band 3

Rupert Stettner

Die Stiftung des öffentlichen Rechts

Rechtsnatur, Zweckbestimmung, Nutzbarkeit für den öffentlich-rechtlichen Bundes- und Landesrundfunk

Nomos

Die Deutsche Bibliothek verzeichnet diese Publikation in der Deutschen Nationalbibliografie; detaillierte bibliografische Daten sind im Internet über http://dnb.ddb.de abrufbar.

ISBN 978-3-8329-7555-5

1. Auflage 2012

Inhaltsverzeichnis

A. Anlass des Gutachtens; Gutachtensauftrag

I. Der Befund

1. Die Trennung von Auslands- und Inlandsrundfunk der Bundesrepublik Deutschland

Anlass des Gutachtens bilden Überlegungen, die bisherige hermetische Trennung von Auslands- und Inlandsrundfunk in der Bundesrepublik Deutschland, wenn nicht zu überwinden, so doch zu mildern. Die angesprochene Trennung ist vor allem rechtlich fixiert. Nach der überkommenen Verfassungslage wird der Inlandsrundfunk als Teil der Kulturaufgabe der Länder angesehen, während der Auslandsrundfunk der Repräsentation der Bundesrepublik Deutschland im Ausland zugerechnet wird und damit Teil der Auswärtigen Gewalt ist, die nach Art. 73 Abs. 1 Nr. 1 GG zur ausschließlichen Gesetzgebungsbefugnis des Bundes gehört. Die bestehende strikte Trennung zwischen dem Funktionsbereich der Deutschen Welle und dem der Landesrundfunkanstalten wird nicht dadurch zum Verschwinden gebracht, dass die Deutsche Welle Mitglied der ARD ist; bei Letzterer handelt es sich nur um eine nicht rechtsfähige Arbeitsgemeinschaft, die gezogene rechtliche Schranken nicht überwinden kann. In der Praxis sind Sendungen der Landesrundfunkanstalten längst per Satellit oder Internet über den ganzen Erdball verfügbar. Ihr ursprüngliches Monopol zur rundfunkmäßigen Repräsentation der Bundesrepublik Deutschland im Ausland hat die Deutsche Welle für deutschsprachige Sendungen eingebüßt; für fremdsprachige Sendungen ist sie allerdings nach wie vor die wichtigste rundfunkmäßige Säule Deutschlands im Ausland.

2. Stellung der Deutschen Welle

Gesetzlicher Auftrag der Deutschen Welle, die seit 1960 kraft Bundesgesetzes eine eigenständige öffentlich-rechtliche Rundfunkanstalt darstellt, ist die Förderung des Verständnisses und des Austausches zwischen den Kulturen und Völkern, die Darstellung von Ereignissen und Entwicklungen in Deutschland, die Verbreitung von deutschen und anderen Sichtweisen und die Förderung der deutschen Sprache. Trotz ihrer Zurechnung zur Auswärtigen Gewalt ist die Deutsche Welle kein Verlautbarungsrundfunk der Bundesregierung. Inzwischen wird nicht mehr bestritten, dass die Deutsche Welle als öffentlich-rechtliche Rundfunkanstalt ebenso das

Grundrecht der Rundfunkfreiheit nach Art. 5 Abs. 1 Satz 2 GG genießt, wie dies für die Landesrundfunkanstalten seit eh und je angenommen wird[1]. Die Bundesrepublik Deutschland ist auch bei ihrer Selbstdarstellung nach außen an das grundlegende Verfassungsprinzip der Rundfunkfreiheit gebunden; darüber hinaus wirken sich die Sendungen der Deutschen Welle nicht zuletzt wegen eines nicht zu vermeidenden „spillover" auch auf die inländische Meinungsbildung aus und müssen schon deshalb dem für die inländische Rundfunklandschaft geltenden „ordre public" entsprechen.

Gleichwohl wird die Deutsche Welle im Unterschied zu den öffentlich-rechtlichen Landesrundfunkanstalten nicht aus Rundfunkgebühren, sondern aus Steuermitteln finanziert. Dadurch ist sie im Hinblick auf die von Art. 5 Abs. 1 Satz 2 GG gebotene Staatsferne sicherlich in einer anderen und gefährdeteren Stellung als die Landesrundfunkanstalten. Durch diese Finanzierungsart wird zwar das Prinzip der Staatsfreiheit selbst nicht umgestoßen, seine praktische Durchsetzung kann aber schwieriger sein als bei den finanziell in großer Unabhängigkeit agierenden Landesrundfunkanstalten. Die grundlegende Differenz in der Finanzierung spricht auch dafür, den Unterschied zwischen Auslands- und Inlandsrundfunk, abgesehen von seinen sonstigen verfassungsrechtlichen Vorprägungen, nicht einzuebnen. Diese Aussage erfolgt trotz der Erkenntnis, dass die Deutsche Welle schon heute auf Grund ihrer Einbindung in die Organisationsstrukturen der ARD auch an Leistungen partizipiert, die aus der Rundfunkgebühr finanziert werden[2].

Gleichwohl handelt es sich bei einem stärkeren rechtlichen Zusammenrücken von Deutscher Welle und einzelnen oder allen Landesrundfunkanstalten angesichts der weltumspannenden Entwicklungen, die mit dem Stichwort Globalisierung bezeichnet werden, um ein Gebot der Stunde. Die Deutsche Welle bedarf der Kooperation mit den Landesrundfunkanstalten und dem ZDF, möglicherweise auch mit privaten Rundfunkunternehmen, um die weltweite mediale Präsenz Deutschlands aufrechterhalten zu können. Dabei sollte die regionale Verankerung der in der ARD vereinigten Landesrundfunkanstalten kein Problem sein.

Eine stärkere Kooperation von Auslands- und Inlandsrundfunk und damit eine Abschwächung der bisher als hermetisch angesehenen rechtlichen Trennung ist vor allem deshalb angezeigt, weil die reichen Programmbestände der Landesrundfunkanstalten einschließlich des ZDF von der Deutschen Welle mit genutzt werden könnten. Es werden Spareffekte erzielt, wenn diese Programmbestände auch für die Deutsche Welle verfügbar sind. Die Deutsche Welle, die teilweise aus der sogenannten „ODA-Quote" finanziert wird, soweit ihre Programme Entwicklungsländer betreffen und durch Herstellung von Transparenz der Förderung von „good

1 Vgl. dazu *Dörr*, Die verfassungsrechtliche Stellung der Deutschen Welle, 1998; siehe auch *Hartstein*, Die Finanzierungsgarantie des Bundes für die Deutsche Welle, 1999, S. 46 ff.

2 Siehe dazu *Hartstein*, ebd., S. 76 ff.

governance", Demokratie und Menschenrechten dienen, im Übrigen aber aus dem Etat des Bundesbeauftragten für Kultur und Medien, kann die umfassende kulturelle Auslandsrepräsentanz der Bundesrepublik Deutschland, insbesondere mit fremdsprachigen Sendungen, angesichts einer chronischen Unterfinanzierung immer weniger leisten.

Zwar dürfte das Interesse der Landesrundfunkanstalten, insbesondere des ZDF, aber auch der ARD-Anstalten, an einer stärkeren Überwindung der Trennung von Auslands- und Inlandsrundfunk nicht allzu virulent sein, da ihre Programme via Satellit und Internet ohnehin in Europa und weiteren Teilen der Welt verbreitet sind. Die Landesrundfunkanstalten unterliegen aber der Gesetzgebungsbefugnis der Länder, die jedenfalls von Regierungsseite her seit Jahren das deutliche Ziel einer Auslandspräsenz der Länder verfolgen, das vor allem wirtschaftliche, daneben auch kulturelle Hintergründe hat. Diese Aktivitäten der Länder kollidieren nicht mit der grundsätzlichen Zuweisung der Auswärtigen Gewalt an den Bund durch Art. 32 Abs. 1; 59 GG. Die erstgenannte Bestimmung erlaubt ohnehin in ihrem Abs. 3 den Vertragsschluss der Länder mit auswärtigen Staaten für Angelegenheiten, die in den Gesetzgebungsbereich der Länder fallen, wenngleich hierzu die Zustimmung der Bundesregierung notwendig ist. Dies bedeutet aber, dass die Länder im Vorfeld auch Sondierungen anstellen können, die möglicherweise zu einem entsprechenden völkerrechtlichen Vertrag führen und, argumentum a maiore ad minus, unterhalb der Ebene völkerrechtlicher Konventionen im Ausland bis hin zur Regierungsebene präsent sein können.

So ist es verfassungsrechtlich nicht zu missbilligen, dass die Ministerpräsidenten der wirtschaftsstarken Länder der Bundesrepublik Deutschland, wie etwa Bayern, Baden-Württemberg, Hessen oder Nordrhein-Westfalen, Kontakte mit neuen Wirtschaftsgiganten, wie China oder Indien, aber auch mit den USA, Russland oder aufsteigenden Ländern der Dritten Welt, anzubahnen versuchen. Die Länder der Bundesrepublik Deutschland können sich angesichts der die Welt beherrschenden Globalisierung von diesem Vorgang nicht ausklinken. Dass die Länder die Zeichen der Zeit erkannt haben, zeigen nicht nur ihre zum Teil sehr repräsentativen Vertretungen bei der Europäischen Union, sondern auch ihre sonstigen Auslandsrepräsentanzen, wobei der Freistaat Bayern mit 21 dieser über die ganze Welt verstreuten Vertretungen derzeit eine Führungsrolle einnimmt, der die anderen Länder nach Möglichkeit nachfolgen.

Die Länder haben also ausgesprochene Außeninteressen, die vom Grundgesetz auch außerhalb des Art. 32 GG legitimiert werden. Es darf auf die Genese des heutigen Art. 23 GG verwiesen werden, die eine laufende Verstärkung des Einflusses der Länder auf europäischer Ebene dokumentiert. Dieser Einfluss hat mit dem Inkrafttreten des Vertrags von Lissabon zum 1.12.2009 und durch einen neu eingefügten Abs. 1a, insbesondere über Klagemöglichkeiten von Bundestag und

Bundesrat gegen Gesetzgebungsakte der Union wegen Verstoßes gegen das Subsidiaritätsprinzip, einen gewissen Höhepunkt und Abschluss erreicht. In der administrativen Praxis zeigen auch die zahlreichen Hochschulkooperationen oder der in aller Munde befindliche „Bologna-Prozess" betreffend die Einführung internationaler vergleichbarer Hochschulabschlüsse (Bachelor, Master), wie sehr die Länder die auf Internationalisierung drängenden Zeichen der Zeit erkannt haben.

Schließlich ist noch auf das Internet zu verweisen, in dem der öffentlich-rechtliche Rundfunk mit Telemedien präsent ist. Für dieses Medium ist die Grenzziehung zwischen Außen- und Innenbereich der Bundesrepublik Deutschland völlig bedeutungslos. Auch das spricht dafür, die vom ersten Rundfunkurteil des Bundesverfassungsgerichts[3] auf Grund der seinerzeitigen technischen Gegebenheiten vorgenommene Grenzziehung zwischen Inlands- und Auslandsrundfunk entsprechend den heutigen technischen Entwicklungen zumindest abzuschwächen.

II. Der Gutachtensauftrag

Der Gutachtensauftrag, wie er hier verstanden wird, fragt nach Wesen und Erscheinungsformen der Stiftung, insbesondere der des öffentlichen Rechts, und nach ihrer Einsetzbarkeit im genannten Zusammenhang. Dabei soll nach rechtlichen Möglichkeiten und Konstrukten gesucht werden, die geeignet sind, eine stärkere Kooperation von Auslands- und Inlandsrundfunk der Bundesrepublik Deutschland in dem oben beschriebenen Umfang (Einbindung von Deutscher Welle, Landesrundfunkanstalten, insbesondere des ZDF, und gegebenenfalls privater Medienunternehmen) herbeizuführen. Fernziel ist dabei eine stärkere mediale Repräsentanz der Länder der Bundesrepublik Deutschland im Ausland, als es den derzeitigen Verhältnissen entspricht, Nahziel eine wechselseitige Verfügbarkeit der jeweiligen Programmvorräte bzw. eine stärkere Berücksichtigung dieses Aspekts bei der Programmproduktion. Die Kooperation von Auslands- und Inlandsrundfunk soll von der Ebene bloß formalen Zusammenwirkens in eine dauerhafte rechtliche Konstruktion überführt werden, wobei die Stiftungsform, und hier wieder die Stiftung öffentlichen Rechts, am naheliegendsten erscheint. Dabei sind die verfassungsrechtlichen Probleme aufzuarbeiten, die sich vor allem durch die kompetentielle Aufgabenteilung im Bund-Länder-Verhältnis im Staat des Grundgesetzes stellen.

Die angedachte organisationsrechtliche Lösung soll im weiteren Verlauf des Gutachtens auch mit einem Namen bezeichnet werden, der als Arbeitstitel dient („Stiftung des öffentlichen Rechts ‚Auslandsrundfunk'"). Selbstverständlich sind auch andere rechtliche Konstruktionsformen nicht ausgeschlossen, wie etwa solche

3 BVerfGE 12, 205 (228 ff., 241 f.).

anstaltsrechtlicher Art oder auch Rechtsgestaltungsmöglichkeiten, die dem Privatrecht entlehnt sind, wie eine Stiftung privaten Rechts, ein eingetragener Verein, eine gemeinnützige GmbH oder eine Aktiengesellschaft. Im Rahmen seiner Fiskaltätigkeit macht sich der Staat seit jeher auch diese Rechtsformen, zu denen auch die Stiftung privaten Rechts zu zählen ist, zunutze, wobei allerdings die kompetenzrechtliche Seite in jedem Fall zu prüfen sein wird.

B. Hauptteil: Rechtsqualität, Zweckbestimmung, Verwendbarkeit der Rechtsform der Stiftung, insbesondere der des öffentlichen Rechts

I. Die Bedeutung der Stiftung als Instrument öffentlich-rechtlicher Ordnung in Vergangenheit und Gegenwart

1. Entwicklungslinien

Der Bedeutungsaufstieg der Stiftung des öffentlichen Rechts ist eine charakteristische Erscheinung der Gegenwart. Als Rechtsinstitut ist die Stiftung des öffentlichen Rechts zwar durch § 89 BGB mit reichsgesetzlicher Wirkung bestätigt worden. Zuvor hatte sie aber schon eine Entwicklung durchlaufen, die zweierlei entscheidende Stadien aufwies: zum einen die generelle Emanzipation des öffentlichen Rechts vom Zivilrecht[4], die spätestens mit dem Erlass von Verfassungen für die deutschen Territorien bis Mitte des 19. Jahrhunderts einschließlich der Reichsverfassung von 1871 und der dadurch ermöglichten Entwicklung vom Verfassungs- und Verwaltungsrecht unumkehrbar war. Im Stiftungsbereich ist dieser Hintergrund gelegentlich noch dahingehend relevant, dass für manche älteren Stiftungen nicht klar ist, ob sie solche des privaten oder des öffentlichen Rechts sind. Zum anderen musste sich das Rechtsinstitut der Stiftung erst von seinen religiösen Wurzeln lösen, war doch ursprünglich die Stiftung immer an einen frommen Zweck gebunden (pia causa). Seit der 1815 entbrannten Diskussion um die Städelsche Kunststiftung in Frankfurt[5] und der damit einhergehenden erfolgreichen Säkularisierung des Stiftungsgedankens sind auch künstlerische, wissenschaftliche oder andere gemeinwohlkonforme Zwecke stiftungsfähig[6]. Aber auch nach diesem einschneidenden Vorgang hatte sich die Stiftung öffentlichen Rechts im allgemeinen Rechtsbewusstsein gegenüber der privatrechtlichen Stiftung noch nicht ausreichend verselbstständigt. Bei Stiftungsvorhaben fand häufig keine Überlegung dahingehend statt, ob nicht eine Stiftung des öffentlichen Rechts anstelle einer solchen privaten Rechts die geeignetere Rechtsform darstellte und deshalb gewollt war. Eindeutigkeit in der Zuordnung zum öffentlichen Recht lag nur bei den Kirchenstiftungen vor, die zwar von einer staatlichen Behörde anerkannt wurden, de-

4 Siehe hierzu *Stolleis*, Die Geschichte des öffentlichen Rechts in Deutschland, Bd. I, 1988, bes. S. 58 ff. durchgehend; Bd. II, 1992, bes. S. 381 ff.

5 Vgl. dazu den sogenannten Städelparagraph im Bürgerlichen Gesetzbuch (§ 83).

6 Siehe dazu *von König*, Drei Paradigmenwechsel, in: Mecking/Schulte (Hrsg.), Grenzen der Instrumentalisierung von Stiftungen, 2003, S. 9.

ren Aufsicht aber nicht dem Staat, sondern der nach Kirchenrecht zuständigen Kirchenbehörde oblag. Auch bei kommunalen Stiftungen sprach der erste Anschein für eine Stiftung öffentlichen Rechts, obwohl hier bis heute auch die privatrechtliche Rechtsform nicht ausgeschlossen ist, insbesondere wenn die zu stiftende Vermögensmasse von einem Gemeindebürger gewidmet und die Gemeinde nur als Betreuungsorgan (fiduziarisch) eingesetzt wird.

Historische Stiftungen können in der Terminologie der Gegenwart meist als privatrechtlich angesprochen werden. Daneben sind aber auch anerkannte öffentlich-rechtliche Stiftungen alten Rechts aufzuführen, die noch auf die Zeit des alten Reiches zurückführen. Hierzu gehören die von der Hannoverschen Klosterkammer, einer Landesbehörde, verwalteten Stiftungsvermögen. Aus dem bayerischen Rechtsbereich sind erwähnenswert die Stiftung Maximilianeum des Königs Max II aus dem Jahr 1852, die hochbegabten Abiturienten ein sorgenfreies Studium durch Unterbringung in einem eigenen Gebäude und Gewährung weiterer Mittel ermöglichen sollte, weiterhin der Wittelsbacher Ausgleichsfonds, in den das ehemalige Königshaus kulturelle Vermögenswerte aus dem bis 1918 nicht voll vom Staatsvermögen getrennten königlichen Privatvermögen gegen entsprechende jährliche Dotationen des Staates einbrachte. Als Stiftungen des öffentlichen Rechts, die noch in die Zeit des Bismarckreichs zurückreichen, können die Forschungsmuseen (Germanisches Nationalmuseum in Nürnberg, Deutsches Museum in München) angesehen werden, wobei sich das Deutsche Museum selbst allerdings als Anstalt des öffentlichen Rechts bezeichnet. Aber dies muss den Stiftungscharakter nicht ausschließen, weil die überkommene ältere verwaltungsrechtliche Terminologie nicht nur nicht klar zwischen Stiftungen des öffentlichen und des privaten Rechts unterschied, sondern teilweise Stiftungen des öffentlichen Rechts auch unter den Oberbegriff der Anstalt des öffentlichen Rechts subsumierte (vgl. dazu unter B. V. 2. b)).

2. Der Aufstieg der Stiftung des öffentlichen Rechts in der Gegenwart

Nach dem Ersten und nach dem Zweiten Weltkrieg bestanden für Stiftungen keine günstigen Verhältnisse, so dass in Westdeutschland erst ab den 50er Jahren, in Ostdeutschland ab 1990 wieder in größerer Zahl Stiftungen gegründet wurden. Die stärkere Akkumulation von Vermögenswerten in privater Hand und ein allmähliches Erwachen von mäzenatischem Bürgersinn haben dazu geführt, dass heute in einem Jahr mehr Stiftungen gegründet werden als in früheren Zeiten in einem 10-Jahres-Zeitraum. Dabei erlebt auf gesamtstaatlicher Ebene auch die Stiftung öffentlichen Rechts unerwartete Konjunktur.

Dies gilt nicht nur für Stiftungen der Länder, sondern vor allem auch für bundesunmittelbare Stiftungen des öffentlichen Rechts[7]. Es hat sich die Übung herausgebildet, diese Rechtsform für besonders herausgehobene Projekte kultureller, sozialer oder politischer Natur zu nutzen. Besonders charakteristische Stiftungen seien im Folgenden in einer Auswahl genannt:

- Die wohl bekannteste Stiftung des öffentlichen Rechts war und ist die Stiftung „Preußischer Kulturbesitz", die 1957 zur Übertragung von Teilen des ehemals Preußischen Kulturbesitzes auf die Stiftung gegründet wurde. Obwohl auch alle Länder Sitz und Stimme im Stiftungsrat haben, ist diese durch Bundesgesetz errichtete Stiftung bundesunmittelbar. Diese Stiftung nimmt auf Grund einer eigenen kompetentiellen Grundlage in Art. 135 Abs. 4 GG eine Sonderstellung ein, die aus der gleichzeitigen Einbeziehung von Bund und Ländern resultiert[8]. Die Stiftung soll den in Generationen aufgebauten Sammlungen des ehemaligen preußischen Staates, die nach dessen Auflösung durch Kontrollratsgesetz im Jahre 1947 ohne Eigentümer waren, eine neue Rechtsträgerschaft verleihen. Damit sollte verhindert werden, dass die teilweise aus Berlin verlagerten Bestände, deren besonderer Wert nach Ansicht des Bundesverfassungsgerichts darin lag, „dass sie sich gegenseitig ergänzten und zusammen mit der Preußischen Staatsbibliothek ein in Deutschland einmaliges Gesamtbild der kulturellen und geistesgeschichtlichen Entwicklung des Erdkreises von den Anfängen bis zur Gegenwart boten"[9], in das Eigentum der Länder der Bundesrepublik fielen, in die sie ausgelagert waren. Dies hätte bedeutet, dass die Einheit der Sammlungen zerstört worden wäre.
- Das „Hilfswerk für behinderte Kinder" (Conterganstiftung)[10] für Personen, die schon im Mutterleib Schäden durch das Medikament Thalidomid erlitten hatten, sollte die dahinter stehende menschliche, medizinische und soziale Katastrophe lindern helfen (Schaffung durch Bundesgesetz im Jahre 1971).
- Weitere bundesunmittelbare öffentlich-rechtliche Stiftungen der jüngeren Vergangenheit sind die Stiftung „Mutter und Kind – Schutz des ungeborenen Lebens" (1984/1993), die Stiftung „Haus der Geschichte der Bundesrepublik Deutschland" (1990), die „Stiftung für ehemalige Kriegsgefangene" (1992), die „Stiftung zur Aufarbeitung der SED-Diktatur" (1998), die Stiftung „Erinnerung, Verantwortung und Zukunft" (2000) zur Entschädigung der ehemaligen Zwangsarbeiter, die in hohem Umfang durch Beiträge der Stiftungsinitiative

7 *Kilian*, Flucht des Staates in die Stiftung, in: Mecking/Schulte (Hrsg.), Grenzen der Instrumentalisierung von Stiftungen, 2003, S. 87 (89) nennt nach dem Stand von 2001 als Gesamtzahl der selbstständigen, rechtsfähigen Bundesstiftungen 43, davon 19 öffentlich-rechtliche. Die Gesamtzahl hat sich seither noch erhöht (vgl. Text).

8 Siehe hierzu BVerfGE 10, 20 (36).

9 BVerfGE 10, 20 (41).

10 Siehe dazu auch BVerfGE 42, 263 ff.

der deutschen Industrie finanziert wurde, die Stiftung „Jüdisches Museum Berlin" (2001), die Stiftung „Denkmal für die ermordeten Juden Europas" (2003) die Stiftung „Deutsches Historisches Museum Berlin" (Stiftung des öffentlichen Rechts seit 2009) sowie die in Trägerschaft der letztgenannten Stiftung „Deutsches Historisches Museum in Berlin" geschaffene, unselbstständige Stiftung des öffentlichen Rechts „Vertreibung, Flucht und Versöhnung" (2009)[11].

- Ein besonderer Typus öffentlich-rechtlicher Stiftungen des Bundes sind die Einrichtungen, die der Erinnerung an herausragende Staatsmänner der deutschen Geschichte gewidmet sind; zu nennen sind hier die Stiftung „Bundeskanzler-Adenauer-Haus" in Rhöndorf, die Stiftung „Reichspräsident-Friedrich-Ebert-Gedenkstätte" in Heidelberg, die „Bundeskanzler-Willy-Brandt-Stiftung Berlin", die Stiftung „Bundespräsident-Theodor-Heuss-Haus" in Stuttgart und die „Otto-von-Bismarck-Stiftung" in Friedrichsruh. Diese Gedächtnisstiftungen dürfen trotz gewisser Namensgleichheiten nicht mit den Parteistiftungen verwechselt werden, die teils eingetragene Vereine (Konrad-Adenauer-Stiftung, Friedrich-Ebert-Stiftung), teils zwar Stiftungen, aber solche des bürgerlichen Rechts sind (Friedrich-Naumann-Stiftung)[12].
- Aber auch die Länder nutzen die Rechtsform der Stiftung des öffentlichen Rechts inzwischen vermehrt; so hat etwa das Land Hamburg sieben Museen in eine Stiftung des öffentlichen Rechts überführt. Das Land Niedersachsen hat hierfür geeignete Hochschulen (Universitäten Hildesheim, Göttingen, Lüneburg, Fachhochschule Osnabrück, Tierärztliche Hochschule Hannover) in die Trägerschaft von Stiftungen des öffentlichen Rechts eingegliedert (der Körperschaftsstatus der Hochschule selbst blieb dabei unangetastet) und hat hierzu auch die entsprechenden gesetzlichen Grundlagen geschaffen (§§ 55 ff. Niedersächsisches Hochschulgesetz). Den Hochschulen sollte mehr Selbstständigkeit dadurch vermittelt werden, dass originär staatliche Intendanzaufgaben im Bereich von Personal und Finanzierung dem engeren staatlichen Zugriff entrückt und von der neu zu schaffenden Trägerschaftsstiftung wahrgenommen

11 Vgl. hierzu auch die Auflistung bei *von Campenhausen*, in: Seifart/von Campenhausen (Hrsg.), Stiftungsrechtshandbuch, 3. Aufl. 2009, § 1 Fn. 16; weiterhin *Wolff/Bachof/Stober*, Verwaltungsrecht III, 5. Aufl. 2004, § 89 Rdnr. 21; *Kilian*, Stiftungserrichtung durch die öffentliche Hand, in: Bellezza/Kilian/Vogel, Der Staat als Stifter. Stiftungen als Public-Private-Partnerships im Privatbereich, 2003, S. 11 (110 ff.); *Dittmann*, Die Bundesverwaltung 1983, S. 263 f., 273 f.

12 Siehe dazu *Kilian*, Flucht des Staates in die Stiftung, in: Mecking/Schulte (Hrsg.), Grenzen der Instrumentalisierung von Stiftungen, 2003, S. 87 (88).

werden[13]. Auch Landesuniversitäten und -hochschulen außerhalb Niedersachsens wurden entweder schon als Stiftungshochschulen errichtet (so die Katholische Universität Eichstätt oder die Katholische Stiftungsfachhochschule München, auch die Universität Frankfurt wurde ursprünglich als Stiftungsuniversität gegründet. Sie verlor diesen Status zwischenzeitlich, um jüngst wieder zur Stiftung öffentlichen Rechts zu werden) oder haben diese Rechtsform inzwischen (wieder-)erlangt (Universität Frankfurt a. M. zum 1. Januar 2008, Universität Frankfurt an der Oder – Viadrina – zum 1. März 2008). Nach den Vorstellungen der Berliner CDU war auch für die Freie Universität Berlin der Status einer internationalen Stiftungsuniversität vorgesehen, ohne dass diese Konzeption aber Realität wurde.

3. Motive für die Gründung von staatlichen Stiftungen

a) Die öffentlich-rechtliche Stiftung

Es stellt sich die Frage nach den Motiven, warum der Gesetzgeber zum Teil unmittelbar durch Gesetz, zum Teil durch Schaffung entsprechender gesetzlicher Grundlagen, die gegebenenfalls nur auf Antrag zur Anwendung kommen (etwa auf Antrag von Universitäten, die aus der Trägerschaft des Landes in die einer Stiftung des öffentlichen Rechts wechseln wollen), der Stiftung des öffentlichen Rechts in der Gegenwart eine solche Karriere verschafft. Die Beweggründe hierfür sind vielfältig. Ein zentraler Grund mag sein, dass zumindest einzelne Stiftungen sogar in der bewegten deutschen Geschichte des 19. und 20. Jahrhunderts Kontinuität aufgewiesen haben (siehe oben) und damit in einem höheren Maß als „Bewahrungsorte“ von traditionellen Werten oder Überlieferungen als andere Einrichtungen dienen können[14]. Natürlich sind aber auch andere Motive Antrieb; so etwa die Vorstellung, eine Stiftung des öffentlichen Rechts könne eher Mäzene anziehen, dadurch öffentliche Haushalte entlasten und beispielsweise die Hochschulen finanziell in geringerem Maße als bisher von Staatsleistungen abhängig machen. Auch mag der Glaube wirksam sein, man müsse nur die stiftungsähnliche Verfasstheit englischer und amerikanischer Universitäten auf Deutschland übertragen,

13 Kritisch hierzu *J. Ipsen*, Hochschulen als Stiftungen des öffentlichen Rechts?, Forschung & Lehre, Heft 11, 2000, S. 580 ff.; vgl. dazu auch *Erichsen*, Zulässigkeit, Grenzen und Folgen der Hochschulprivatisierung, Gutachten Januar 2000, http://www.ch.de/downloads/gutachten.pdf, abgerufen am 4. Januar 2010; siehe auch *dens.*, in: Bertelsmann-Stiftung u.a., Stiftungshochschulen. Wege zur Entstaatlichung der Hochschulen, Hannover 16. Januar 2002, http://cbl.niedersachsen.de/blob/images/C689391_l20.pdf, abgerufen am 4. Januar 2010.

14 *Kilian*, Flucht des Staates in die Stiftung, in: Mecking/Schulte (Hrsg.), Grenzen der Instrumentalisierung von Stiftungen, 2003, S. 87 (89) weist allerdings darauf hin, dass die DDR nicht einmal die weltberühmten Francke´schen Stiftungen in Halle weitergepflegt habe.

um auch den deutschen Universitäten die Strahlkraft und das internationale Renommé ihrer Vorbilder zu verleihen[15]. Schließlich besteht auch das Ziel, auf dem Wege über die Stiftungsverfassung das als allzu starr empfundene staatliche Hochschul- und Haushaltsrecht abzuschütteln[16] und, damit Hand in Hand gehend, mehr Selbstbestimmung und Autonomie einzuhandeln, wobei sich gleichzeitig aber auch Fragen der Gesetzesumgehung und des Formenmissbrauchs stellen können[17].

Merkmal jedenfalls eines Teils dieser neueren öffentlich-rechtlichen Stiftungen ist, dass nicht der ursprünglich einer Stiftung zu Grunde liegende Gedanke im Vordergrund steht, wonach ein Stiftungsstock nach dem Willen des Stifters Erträge abwerfen soll, die zur Erreichung eines bestimmten Stiftungszwecks verwendet werden (Kapitalstock oder Stiftungsvermögen), sondern dass Sachvermögen in seinem Bestand erhalten und gepflegt werden soll, um bestimmte politische, kulturelle oder soziale Zwecke zu erfüllen oder ein solches gar nicht oder nur in geringem Maße vorhanden ist. Diese Stiftungen neuerer Art werfen regelmäßig kaum oder gar keine Erträge ab, sondern sind auf staatliche Bezuschussung oder sonstige Einnahmen angewiesen (sog. Haushalts- oder Einkommensstiftungen). Prototyp ist wiederum die Stiftung „Preußischer Kulturbesitz". Diese verwaltet und pflegt zwar Kulturgüter von ungeheurem Wert, die aber sehr viel mehr öffentliche Mittel zu ihrer Erhaltung verschlingen, als mit ihnen zu erwirtschaften ist (etwa durch Eintrittsgelder). Der Kapitalstock der Stiftung ist nach wie vor sehr schmal gehalten (bei ihrer Errichtung wurde sie nur mit 5.000,- DM ausgestattet[18]), so dass ihre Existenz von laufenden staatlichen Zahlungen des Bundes und der Länder abhängt. Damit werden solche Stiftungen ganz oder zum Teil von der staatlichen Haushalts- und Finanzpolitik abhängig und unterliegen einer permanenten Unsicherheit bis hin zur Frage ihrer Fortexistenz. Als privatrechtliche Stiftungen wären sie in dieser Konstruktion nicht denkbar, weil hier die staatliche Anerkennung ein ausreichendes Stiftungsvermögen voraussetzt, so dass insoweit ein partieller Bedeutungswandel der öffentlich-rechtlichen Stiftung gegenüber der privaten Rechts zu dia-

15 Vgl. dazu auch das Konzept der Stiftungsuniversität Frankfurt, http://www.stiftungsuni.uni-frankfurt.de/konzept/index.html, zuletzt abgerufen am 4. Januar 2010, das eben die beiden letztgenannten Punkte (Einwerbung von Mäzenatenmittel, amerikanisches Vorbild) anführt.

16 Vgl. hierzu weitgehend verneinend aber *Schröder*, Die staatlich errichtete Stiftung des öffentlichen Rechts – ein aussterbendes Rechtsphänomen?, in: Mecking/Schulte (Hrsg.), Grenzen der Instrumentalisierung von Stiftungen, 2003, S. 117 (127 ff.).

17 Siehe hierzu auch *Fiedler*, Staatliches Engagement im Stiftungswesen zwischen Formenwahlfreiheit und Formenmissbrauch, 2004, S. 39 ff.

18 Vgl. dazu *Fiedler*, Verfassungsrechtliche Probleme staatlicher Kulturförderung durch Stiftungen, in: Mecking/Schulte (Hrsg.), Grenzen der Instrumentalisierung von Stiftungen, 2003, S. 71 (72/73).
Der Haushalt der Stiftung „Preußischer Kulturbesitz" sieht für 2009 Gesamtausgaben in Höhe von 251 Mio. Euro vor, für die laufenden Ausgaben sind 160 Mio. Euro vorgesehen. Die Träger der Stiftung steuern wie in den Vorjahren konstante Beträge bei, der Bund 100 Mio. Euro, die Länder 33,3 Mio. Euro, Sonderzuschüsse und Zuschüsse für die Bauinvestitionen der Stiftung nicht mitgerechnet.

gnostizieren ist. Gleichwohl überwiegt wegen der großen Schwierigkeiten, die der Beschaffung eines ausreichenden Stiftungsvermögens bei Stiftungen des öffentlichen Rechts regelmäßig entgegenstehen, die Anzahl der Einkommensstiftungen die der Vermögensstiftungen beträchtlich[19].

Es wäre allerdings falsch, davon auszugehen, dass alle neueren Stiftungen des öffentlichen Rechts haushaltsabhängige Stiftungen sind; es existieren daneben auch Stiftungen des öffentlichen Rechts mit eigenem Stiftungsstock, deutlicher Beauftragung zur Mittelverteilung und einem ebenso klaren (wenn auch häufig sehr weit gesteckten) Kreis von Destinatären. Dies beweisen Stiftungen wie die „Conterganstiftung", die Stiftung „Mutter und Kind" oder die Stiftung „Erinnerung, Verantwortung und Zukunft".

Bemerkenswert ist im Übrigen bei den soeben angesprochenen Stiftungen des neueren Typus, wie stark sich der Bund dabei in der Kulturpflege engagiert, die doch im staatlichen Innenbereich bekanntlich der Kulturhoheit der Länder obliegen soll (die Auslandsrepräsentation der Bundesrepublik ist nach Art. 73 Abs. 1 Nr. 1 GG einschließlich der kulturellen Belange allerdings unbestrittenermaßen ausschließliche Sache des Bundes). Die kompetentielle Grundlage hierfür ist nicht ohne weiteres eindeutig. Soweit es sich um Auftritte des Bundes in Berlin handelt, existiert seit der Föderalismusreform von 2006 eine Kompetenz des Bundes aus Art. 22 Abs. 1 Satz 2 GG zur Repräsentation des Gesamtstaates in der Bundeshauptstadt. Ansonsten muss mit Kompetenzen kraft Natur der Sache (Staatsrepräsentation, gesamtstaatliche Aufgabe) gearbeitet werden[20]; dies ist aber nur insoweit akzeptabel, als tatsächlich gesamtstaatliche Belange der Bundesrepublik Deutschland legitimatorisch wirken, wie dies im Fall von Gedenkstätten oder Einrichtungen zur Erinnerung an verdiente Politiker der Fall sein kann. Darüber hinausgehende Dotierungen (etwa der Kulturstiftung der Länder [!], des Programms „Kultur in den neuen Ländern", der Internationalen Musikfestspiele in Dresden oder der Bayreuther Festspiele) dürften jedoch unzulässig sein, auch wenn sie gerne genommen werden[21].

19 Siehe dazu auch *Kilian*, Stiftungen als staatliche Nebenhaushalte, in: Bundesverband Deutscher Stiftungen (Hrsg.), Ein modernes Stiftungsprivatrecht zur Förderung und zum Schutz des Stiftungsgedankens, 2001, S. 71 (80 ff.).

20 Siehe hierzu *Mahrenholz*, Über die Kompetenz des Bundes zur Errichtung einer nationalen Kulturstiftung, Typusskript, 2001; *ders.*, Die Kultur und der Bund. Kompetenzrechtliche Erwägungen anlässlich der Gründung der Bundeskulturstiftung im März 2002, DVBl. 2002, S. 857 ff. Mahrenholz hält die Kompetenzschranken des Grundgesetzes nur für „Eingriffsgesetze" für einschlägig; „Leistungsverwaltung" (wozu er Kulturstiftungen rechnet) seien nicht vom „Ausschließlichkeitscharakter der Befugnisse zu Eingriffsgesetzen" erfasst (DVBl. ebd., S. 867); *Stettner*, in: Liber amicorum für Häberle, 2004, S. 681 ff.; für Subsumierung aller Erscheinungsformen von Verwaltung unter Art. 30 GG aber *B. Küchenhoff*, Die verfassungsrechtlichen Grenzen der Mischverwaltung, 2010, S. 76 m.w.N. zum Streitstand.

21 Siehe dazu die Auflistung bei *Stettner*, ebd., S. 683 Fn. 11, 684 f.

b) Staatliche Stiftungen privaten Rechts

Die neuere Beliebtheit der Stiftung öffentlichen Rechts darf aber nicht vergessen machen, dass der Staat auch auf privatrechtlichem Gebiet als Stifter oder Mitstifter auftritt. Der Staat errichtet sogar wohl noch häufiger als öffentlich-rechtliche Stiftungen solche des privaten Rechts[22]. Der Staat hat teilweise auch Privatisierungserlöse in privatrechtlichen Stiftungen angelegt, die dazu bestimmt sind, Gelder zu Stiftungszwecken auszuschütten (VW-Stiftung, Deutsche Bundesstiftung Umwelt). Selbst wenn man aber davon ausgeht, dass dem Staat die Wahl privater Rechtsformen, damit also auch der Stiftung des privaten Rechts, freisteht, führt dies nicht dazu, dass die Kompetenznormen des Grundgesetzes unbeachtlich würden. Gerade für den einschlägigen Bereich der Rundfunkveranstaltung hat das Bundesverfassungsgericht schon im ersten Rundfunkurteil festgestellt[23], dass die Wahl der privatrechtlichen Rechtsform nicht dazu dienen kann, verfassungsrechtliche Kompetenzbindungen abzuschütteln[24]. Die „Flucht ins Privatrecht“ befreit den Staat auch dann nicht von den kompetentiellen Bindungen, wenn er die Stiftungsform wählt.

II. Der allgemeine Stiftungsbegriff

Der Begriff der Stiftung ist im Recht nicht für alle Anwendungsfälle definiert; eine die begrifflichen Grundlagen klarstellende Festlegung findet sich nur für die rechtsfähige privatrechtliche Stiftung im Bürgerlichen Gesetzbuch (§§ 80 ff.); für die öffentlich-rechtliche Stiftung belässt es das Bürgerliche Gesetzbuch in § 89 bei einer Verweisungsvorschrift, die den Begriff offen lässt. Folge dieser terminologischen Zurückhaltung ist, dass der Stiftungsbegriff in sehr divergenten Zusammenhängen auftauchen kann. So wurden bereits die Parteistiftungen genannt, die rechtlich als eingetragene Vereine konstituiert sind; auch gemeinnützige GmbHs („Robert-Bosch-Stiftung GmbH“) legen sich das Attribut der Stiftung bei. Da es kein Stiftungsgesetz des Bundes gibt und die Landesstiftungsgesetze zum Teil sehr alt sind

22 So jedenfalls *Kilian,* Flucht des Staates in die Stiftung, in: Mecking/Schulte (Hrsg.), Grenzen der Instrumentalisierung von Stiftungen, 2003, S. 87 (99). Siehe zu diesem Phänomen insgesamt *Bellezza/Kilian/Vogel*, Der Staat als Stifter. Stiftungen als Public-Private-Partnerships im Privatbereich, 2003; *Gölz*, Der Staat als Stifter. Stiftungen als Organisationsform mittelbarer Bundesverwaltung und gesellschaftlicher Selbstverwaltung, Diss. Bonn 1999, S. 49 ff.

23 BVerfGE 12, 205 (243 ff., 246).

24 Ob andere Erleichterungen mit der privaten Rechtsform verbunden sind (etwa gründungs-, personal- oder haushaltsrechtlicher Natur) kann hier dahingestellt bleiben; vgl. hierzu eingehend und – im Wesentlichen ablehnend – *Schröder*, Die staatlich errichtete Stiftung des öffentlichen Rechts – ein aussterbendes Rechtsphänomen?, in: Mecking-Schulte (Hrsg.), Grenzen der Instrumentalisierung von Stiftungen, 2003, S. 117 (120 ff.).

oder sich definitorisch zurückhalten, ist die Annäherung an einen allgemeinen Stiftungsbegriff eher typologisch als definitorisch möglich. Gleichwohl dürften folgende Merkmale konstitutiv sein: unter einer Stiftung privaten oder öffentlichen Rechts ist regelmäßig eine rechtsfähige Organisation zu verstehen, die vom Stifter geschaffen wurde, mit Vermögen ausgestattet und dazu bestimmt ist, mit Hilfe des gewidmeten Vermögens den Stiftungszweck auf Dauer zu verfolgen[25]. Der Stifterwille setzt Rahmen und Grundlage für die Verfassung der Stiftung; diese verselbstständigt sich mit dem Stiftungszweck gegenüber der Person des Stifters, aber auch gegenüber dem Stifterwillen (vgl. dazu §§ 81-85 BGB). Grundsätzlich ist der Stifter frei in der Bestimmung des Stiftungszwecks, er darf aber keine illegalen, strafgesetzlich oder durch die Grundentscheidungen der Rechts- und Verfassungsordnung verbotenen Zwecke verfolgen[26].

Zentrum der Errichtung einer Stiftung ist also die Widmung eines Stiftungsvermögens, das einem vorbestimmten Zweck dienen soll und für das eine entsprechende Stiftungsorganisation geschaffen wird. Das Vermögen der Stiftung soll nicht angetastet werden; es werden nur die Erträge für den Zweck verwendet. Häufig haben Stiftungen, durch den Stiftungszweck abgegrenzt, bestimmte Destinatäre, an die die Erträge der Stiftung fließen. Der Kapitalstock muss nicht von Anfang an voll angesammelt sein; es ist auch eine Stiftungsfiguration denkbar, bei der das Stiftungsvermögen nachträglich akkumuliert wird, wenn dies auf gesicherten rechtlichen Ansprüchen beruht. In jedem Fall muss das Stiftungsvermögen aber dafür ausreichen, dass der Stiftungszweck erfüllt werden kann. Bloße Einkommensstiftungen des Staates, die über keinen ausreichenden Kapitalstock verfügen, sondern von laufenden Haushaltszuwendungen abhängig sind, entfernen sich von dem ursprünglichen Ausgangspunkt der Vermögenswidmung und machen die einkommensbedürftigen Stiftungen abhängig vom staatlichen Einfluss und seiner Haushaltspolitik, wodurch sie auch der Gefahr unterliegen, bei Nichtfinanzierbarkeit aufgelöst zu werden[27].

Die Vermögensgebundenheit der Stiftung bewirkt, dass die Stiftung keine körperschaftliche Verfassung und keine Mitglieder hat. Auch die Destinatäre haben keine Mitgliedschaftsrechte; sie sind nur Nutznießer des Stiftungsvermögens; im Fehlen körperschaftlicher Elemente gleicht die Stiftung der Anstalt. Übergänge sind nach dem Willen des Stifters gleichwohl denkbar; dies gilt insbesondere für

25 Vgl. dazu *von Campenhausen*, in: Seifart/von Campenhausen (Hrsg.), Stiftungsrechtshandbuch, 3. Aufl. 2009, § 1 Rdnr. 6; *Schröder*, Die staatlich errichtete Stiftung des öffentlichen Rechts – ein aussterbendes Rechtsphänomen?, in: Mecking/Schulte (Hrsg.), Grenzen der Instrumentalisierung von Stiftungen, 2003, S. 117 (118 f.).

26 Siehe dazu *von Campenhausen*, ebd., § 1 Rdnr. 9; *Palandt/Heinrichs*, BGB, 70. Aufl. 2011, § 87 Rdnr. 1.

27 Vgl. auch die Warnungen, die *von König*, Drei Paradigmenwechsel, in: von Mecking/Schulte (Hrsg.), Grenzen der Instrumentalisierung von Stiftungen, 2003, S. 9 (10/11) ausspricht.

die öffentlich-rechtliche Stiftung, für die in Ermangelung einer Bindung an §§ 80 ff. BGB und eines Bundesstiftungsgesetzes der rechtliche Rahmen weiter gezogen ist. Bei der Formulierung des Stiftungszwecks hat der Stifter im Laufe der Jahrhunderte eine immer größere Freiheit erlangt. Dies betrifft nicht nur die Verabschiedung des „frommen Zwecks“. Er ist heute auch nicht mehr auf das Modell der gemeinwohlorientierten Stiftung festgelegt; auch die Familienstiftung, bei der die Erträge wieder an den Stifter oder seine Familie zurückfließen, ist nicht zu beanstanden, wenn sie nicht dazu genutzt wird, der Umgehung steuerrechtlicher, wirtschaftsrechtlicher oder sonstiger Schranken zu dienen.

Die Art und Weise der Durchsetzung des Stifterwillens, die gleichbedeutend mit der Realisierung des Stiftungszweckes ist, wird durch eine entsprechende Organisation der Stiftung erreicht. Stiftungen werden nach außen in der Regel von einem Vorstand vertreten; dem Stifter bleibt es unbenommen, noch weitere Organe vorzusehen. Die privatrechtliche Stiftung kann auch von einer Behörde verwaltet werden, ohne dass sie dadurch zu einer Stiftung des öffentlichen Rechts wird. Stiftungen sind nicht immer als selbstständige juristische Personen zu begreifen, sondern können auch als unselbstständige Stiftungen in Trägerschaft einer Anstalt oder Körperschaft des öffentlichen Rechts errichtet werden.

Unter dem Begriff der Stiftung kann zwar auch der Vorgang des Stiftens verstanden werden (Hingabe einer Vermögensmasse für einen vom Stifter festgelegten Zweck im Zuge des als Stiftung bezeichneten Rechtsgeschäfts). In der Regel wird aber die aus diesem Vorgang hervorgegangene Institution mit den Merkmalen Vermögen, Zweck und Organisation als Stiftung im juristischen Sinn bezeichnet.

III. Positionierung der Stiftung des öffentlichen Rechts im Rechtsgefüge

Die relativ junge Geschichte des deutschen Verwaltungsrechts hat es mit sich gebracht, dass noch bis in die jüngere Vergangenheit die öffentlich-rechtliche Stiftung gegenüber der Anstalt des öffentlichen Rechts, aber auch gegenüber privaten Stiftungen mit öffentlicher Zweckbindung nicht ausreichend abgegrenzt wurde. Dabei war ursprünglich eigentlich die Stiftung die überkommene Rechtsstruktur, die nach Herausbildung des neuzeitlichen säkularen Staates für vielerlei Verwaltungszwecke bereitstand. Jedoch wurde nach der dem französischen Vorbild („service public“) folgenden Einführung des Anstaltsbegriffs in das Verwaltungsorganisationsrecht[28] die Stiftung des öffentlichen Rechts aus dem juristischen Denken fast verdrängt[29]. Hierin ist inzwischen aber ein Wandel eingetreten; die öffentlich-

28 Siehe unter B. V. 2 b).

29 Siehe dazu *Lange,* in: VVDStRL 44 (1989), S. 169 (203 mit Fn. 94) gegen *Breuer*, ebd. S. 211 (231).

rechtliche Stiftung wird nahezu allgemein als eine der drei juristischen Personen des öffentlichen Rechts anerkannt (neben der Körperschaft des öffentlichen Rechts und der Anstalt des öffentlichen Rechts).

Die vergleichsweise späte neuzeitliche Emanzipation der öffentlich-rechtlichen Stiftung von den anderen juristischen Personen des öffentlichen Rechts wird auch dadurch deutlich, dass sie in Verfassungstexten und Gesetzen häufig neben Körperschaften und Anstalten nicht erwähnt wird; dem entspricht das Grundgesetz, das weder in Art. 86 GG („Führt der Bund die Gesetze durch bundeseigene Verwaltung oder durch bundesunmittelbare Körperschaften oder Anstalten des öffentlichen Rechts aus…“) noch in Art. 87 Abs. 3 GG („Außerdem können für Angelegenheiten, für die dem Bunde die Gesetzgebung zusteht, selbstständige Bundesoberbehörden und neue bundesunmittelbare Körperschaften und Anstalten des öffentlichen Rechts durch Bundesgesetz errichtet werden…“) die Stiftung des öffentlichen Rechts erwähnt. Gleichwohl ist anerkannt, dass beide Vorschriften auch die Stiftung des öffentlichen Rechts umfassen[30].

Die öffentlich-rechtliche Stiftung darf nicht verwechselt werden mit der öffentlichen Stiftung, die als Stiftung privaten Rechts, teilweise von Privatpersonen, teilweise auch vom Staat selbst (vgl. etwa die Kulturstiftungen des Bundes oder der Länder) zur Förderung öffentlicher Zwecke errichtet wird, wobei als solche Zwecke Religion, Wohltätigkeit, Wissenschaft, Forschung, Bildung, Erziehung, Unterricht, Kunst und Denkmalpflege, Umweltschutz, Sport etc. anerkannt sind[31]. Da die Vorstellung vom Zwang zur Errichtung gemeinwohlorientierter Stiftungen aufgegeben ist, sind keineswegs alle Stiftungen privaten Rechts öffentliche Stiftungen; sie können, wie erwähnt, auch als Familienstiftung nur den Stifter oder seine Familie begünstigen, sie können auch Erträge an einen Kreis vom Stifter bezeichneter privater Destinatäre auswerfen, ohne dass dies als Verfolgung eines öffentlichen Zweckes qualifizierbar wäre. Für öffentliche Stiftungen ist also ihr Zweck charakteristisch, über das Entstehen einer Stiftung privaten oder öffentlichen Rechts entscheidet dagegen der Entstehungstatbestand.

30 Vgl. dazu *Hermes*, in: Dreier (Hrsg.), Grundgesetz, 2. Aufl. 2008, Art. 86 Rdnr. 32; Art. 87 Rdnr. 79; *Ibler*, in: Maunz/Dürig, GG, Art. 86 (2008), Rdnr. 74; *Burgi*, in: von Mangoldt/Klein/Starck, GG, 6. Aufl. 2010, Art. 87 Abs. 3 Rdnr. 104; *W. Weber*, Die bundesunmittelbaren juristischen Personen des öffentlichen Rechts, in: Festgabe für Reinhard, 1972, S. 499 f.; *Sachs*, in: ders. (Hrsg.), Grundgesetz-Kommentar, 5. Aufl. 2009, Art. 86 Rdnr. 44; Art. 87 Rdnr. 67; *Gölz*, Der Staat als Stifter. Stiftungen als Organisation mittelbarer Bundesverwaltung und gesellschaftlicher Selbstverwaltung, Diss. Bonn 1999, S. 186 ff.; *Lerche*, in: Maunz/Dürig, GG, Art. 87 (1992) Rdnr. 191; *Merten*, Juristische Personen im Sinne von Art. 87 Abs. 2 und 3 GG, in: Festschrift für Knöpfle, 1996, S. 219 (228).

31 Vgl. dazu etwa Art. 1 Abs. 3 Bayer. Stiftungsgesetz; § 17 Bremisches Stiftungsgesetz; § 10 Abs. 2 Niedersächs. Stiftungsgesetz.

IV. Die Doppelrolle der Stiftung des öffentlichen Rechts in der öffentlichen Organisation

In der Trias von Körperschaft, Anstalt und Stiftung des öffentlichen Rechts sind drei Organisationsformen verwirklicht, die sich vom Behördenapparat dadurch abgrenzen, dass sie nicht nur Organe der dahinter stehenden Staatsperson sind, sondern selbst über Rechtsfähigkeit verfügen und deshalb auch als verselbstständigte Träger öffentlicher Verwaltung bezeichnet werden. Vor allem bei den mitgliedschaftlich verfassten Körperschaften ist auch immer Selbstverwaltung aufzufinden; prototypisch vor allem bei den Kommunen, für die auch eine verfassungsrechtliche Garantie ihrer Selbstverwaltungsbefugnis in Art. 28 Abs. 2 GG enthalten ist. Ob das Prinzip Selbstverwaltung auch im anstaltlichen und im Stiftungsbereich verwirklicht ist, könnte bezweifelt werden, weil beide Organisationsformen nicht Verbandscharakter tragen. Anstalten verfügen nicht über Mitglieder, sondern nur über „Benutzer" und Stiftungen verfügen über einen Personenbezug nur insoweit, als möglicherweise Destinatäre existieren, an die die Stiftungserträge fließen sollen. Es wird auch die Ansicht vertreten, dass die Stiftung des öffentlichen Rechts keine Selbstverwaltungsstrukturen besitze[32]. Es ist aber nicht ersichtlich, was dazu zwingen soll, Selbstverwaltung nur durch Mitglieder vornehmen zu lassen; auch die Benutzer einer Anstalt können für die Zeit des Bestehens ihres Nutzungsverhältnisses in die Anstaltsentscheidungen eingebunden werden, etwa durch Wahlen, und es spricht auch nichts dagegen, die Entscheidungen der Stiftungsorgane bei der Verwaltung des Stiftungsvermögens unter die Rubrik Selbstverwaltung einzuordnen. Sie üben für die Stiftung als deren Organe das Recht der Selbstbestimmung aus[33].

Insgesamt spricht man bei diesen verselbstständigten Trägern öffentlicher Verwaltung, deren Rückbindung an die sonstigen staatlichen Funktionen durch eine aufsichtliche Kontrolle erfolgt, pauschal auch von „mittelbarer Staatsverwal-

32 Für ersteres *Dreier*, Hierarchische Verwaltung im demokratischen Staat, 1991, S. 245; *Ossenbühl*, Stiftungen als institutionelle Sicherung in der Wissenschaftsfreiheit, in: In einem vereinten Europa dem Frieden der Welt zu dienen... Liber amicorum für Oppermann, 2001, S. 846 (848) verneint bei Stiftungen einen Selbstverwaltungscharakter, wie er einer Körperschaft zukommt, da sie keine Mitglieder hätten und keine isolierbaren Gruppen vorhanden seien; siehe dazu auch *Forsthoff*, Lehrbuch des Verwaltungsrechts, Bd. I, Allgemeiner Teil, 10. Aufl. 1973, S. 508: „...verwaltungsmäßig lehnt sich die öffentlich-rechtliche Stiftung normalerweise eng an ein Muttergemeinwesen an, das in der Regel die Verwaltungsgeschäfte selbst führen wird. Für eine, wenn auch bescheidene Selbstverwaltung bleibt unter diesen Umständen ebenso wenig Raum wie für eine Staatsaufsicht."

33 So zu Recht *Kilian*, Flucht des Staates in die Stiftung?, in: Mecking/Schulte (Hrsg.), Grenzen der Instrumentalisierung von Stiftungen, 2003, S. 87 (106).

tung"[34]. Im Einzelfall darf aber die Zuordnung einer Stiftung des öffentlichen Rechts zum Bereich der mittelbaren Staatsverwaltung nicht pauschal und unkritisch erfolgen. Schon bei der grundrechtszugeordneten, mehrheitlich als Körperschaft angesehenen Universität[35], die für sich das Grundrecht aus Art. 5 Abs. 3 GG in Anspruch nehmen kann, könnte dies in die Irre führen. Noch mehr gilt dies für die staatsdistanzierten Anstalten des öffentlichen Rechts im Bereich des Rundfunks, die ebenfalls grundrechtszugeordnet und viel mehr dem pluralistischen Gesellschaftsspektrum gewidmet sind, als dass sie „Staatsverwaltung" betreiben würden („freiheitsichernde Anstalten"[36]). Für die Stiftung des öffentlichen Rechts „Auslandsrundfunk" unter Einbeziehung von Deutscher Welle, Landesrundfunkanstalten und ZDF sowie eventuell von privaten Medienunternehmen wird mit Sicherheit nichts anderes gelten; sie kann nicht anders als eine dem Staat entrückte Einrichtung geschaffen werden[37]. Die neue Stiftung führt nämlich nur die Staatsdistanziertheit fort, die bereits anerkanntermaßen bei den kooperierenden Anstalten des öffentlichen Rechts (Deutsche Welle, Landesrundfunkanstalten, ZDF), aber natürlich auch bei den zu beteiligenden Privaten vorhanden ist. Für eine Stiftung des öffentlichen Rechts „Auslandsrundfunk" gelten also die Prinzipien von Staatsfreiheit und Pluralismus in ebensolcher Weise wie für die beteiligten öffentlich-rechtlichen Rundfunkanstalten; es ist auch davon auszugehen, dass diese Stiftung den Schutz des Rundfunkgrundrechts nach Art. 5 Abs. 1 Satz 2 GG genießt.

Diese Auffassung findet auch ihre Bestätigung in der Literatur. Gölz[38] unterscheidet schon im Titel ihrer umfangreichen Dissertation Stiftungen als „Organisation von mittelbarer Bundesverwaltung und gesellschaftlicher Selbstverwaltung". Auch Ossenbühl hat, allerdings nur für die staatliche Stiftung bürgerlichen Rechts, die er trotz ihres privatrechtlichen Charakters als möglichen Teil der mittelbaren Staatsverwaltung sieht, eine Doppelrolle des Staates unterschieden, wenn letzterer diese Stiftungen gründet. Die Intention des Staates gehe alternativ entwe-

34 Vgl. hierzu auch *Ibler*, in: Maunz/Dürig, GG, Art. 86 (2008), Rdnr. 66, 71; *Hermes*, in: Dreier (Hrsg.), Grundgesetz, Bd. III, 2. Aufl. 2008, Art. 86 Rdnr. 30; *Krebs*, Handbuch des Staatsrechts V, 3. Aufl. 2007, § 108 Rdnr. 49).

35 Siehe hierzu *Dreier*, Hierarchische Verwaltung im demokratischen Staat, 1991, S. 236.

36 Vgl. dazu *Lerche*, in: Maunz/Dürig, Grundgesetz, Art. 87 (1992) Rdnr. 193.

37 Mitunter wird in diesem Zusammenhang auch die Rechtsfigur des „ministerialfreien Raums" bemüht; vgl. hierzu näher *Sachs*, in. ders., Grundgesetz, 4. Aufl. 2007, Art. 86 Rdnr. 41 i. V. m. Art. 20 Rdnr. 41; *Hermes*, in: Dreier, Grundgesetz, Bd. III, 2. Aufl. 2008, Art. 86 Rdnr. 43; *Ibler*, in: Maunz/Dürig, GG, Art. 86 (2008) Rdnr. 57 ff. Dies ist nur im Hinblick auf das Ergebnis (Einflusslosigkeit der Regierung) richtig. Der „ministerialfreie Raum" geht aber davon aus, dass zunächst Verwaltung existiert, die nachträglich den Ingerenzen der Regierung entzogen wird. Bei den staatsfernen Anstalten und Stiftungen des öffentlichen Rechts ist dagegen von vorneherein kein administrativer Raum eröffnet. Siehe dazu auch *Kilian*, ebd., S. 87 (105) zur Frage der „ministerialfreien" Stiftung des öffentlichen Rechts bis hin zu deren Grundrechtsfähigkeit.

38 Der Staat als Stifter. Stiftungen als Organisation mittelbarer Bundesverwaltung und gesellschaftlicher Selbstverwaltung, Diss. Bonn 1999.

der dahin, „neue Glieder der mittelbaren Staatsverwaltung“ zu schaffen oder „als echter Mäzen eine wichtige Gemeinwohlaufgabe“ zu erledigen[39]. Vergleichbares ist auch für die Stiftungen des öffentlichen Rechts anzunehmen. Sie können entweder originär der mittelbaren Staatsverwaltung angehören, wenn sie als – wenngleich verselbstständigter – Teil der staatlichen Organisation in Staatsnähe staatliche Aufgaben erfüllen oder sie gehören trotz ihrer formalen Verfasstheit im Grunde dem gesellschaftlich-pluralistischen Bereich an. Sie sind, wiewohl Stiftungen des Staates, von diesem quasi „aus der Hand gegeben“[40].

Die angedachte „Stiftung des öffentlichen Rechts ‚Auslandsrundfunk‘“, die öffentlich-rechtlichen Auslands- und Inlandsrundfunk, möglicherweise auch unter Einbeziehung von Privaten, enger aneinander binden möchte, kann angesichts der Beteiligung der öffentlich-rechtlichen Rundfunkanstalten geradezu klassisch als „aus der Hand gegeben“ bezeichnet werden; sie ist wesentlich mehr dem gesellschaftlichen Raum verbunden als dem Staat zugeordnet, dem sie ohnehin nur lose organisatorisch angegliedert ist. Dies trifft sich mit den Ausführungen von Lerche[41], wonach sich der Auslandsrundfunk, aber auch die sonstigen grundrechtszugeordneten Rechtsträger des Bundesrechts, schon von vornherein dem staatlichen „Verwaltungsbereich“ entziehen. Auch wenn diese grundrechtszugeordneten Rechtsträger als Anstalten des öffentlichen Rechts (bzw. Stiftung des öffentlichen Rechts) verfasst seien, könnten sie nicht auf Art. 87 Abs. 3 GG gestützt werden. Lerche ist hierin beizupflichten. Die genannte Vorschrift lässt zwar für Angelegenheiten, für die dem Bund die Gesetzgebung zusteht, die Errichtung selbstständiger Bundesoberbehörden und neuer bundesunmittelbarer Körperschaften und Anstalten des öffentlichen Rechts durch Bundesgesetz zu, worunter auch anerkanntermaßen Stiftungen des öffentlichen Rechts fallen[42]. Art. 87 GG steht aber im Abschnitt VIII des Grundgesetzes über „Die Ausführung der Bundesgesetze und die Bundesverwaltung“. Die staatsdistanzierte, freiheitsichernde Anstalt und Stiftung des öffentlichen Rechts ist nicht Teil der staatlichen Verwaltung und kann deshalb nicht dieser Grundgesetznorm unterfallen. Soweit keine spezielle verfassungsrechtliche Grundlage verfügbar ist, kann die verfassungsrechtliche Basis ei-

39 *Ossenbühl*, Stiftungen als institutionelle Sicherung in der Wissenschaftsfreiheit, in: In einem vereinten Europa dem Frieden der Welt zu dienen... Liber amicorum für Oppermann, 2001, S. 840 (852, 857).

40 Siehe dazu *Ossenbühl*, ebd., S. 840 (852 ff.). Vgl. dazu auch *Kilian*, Flucht des Staates in die Stiftung?, in: Mecking/Schulte (Hrsg.), Grenzen der Instrumentalisierung von Stiftungen, 2003, S. 104/105.

41 Art. 87 Rdnr. 193.

42 Siehe dazu oben bei B. III.

ner Stiftung des öffentlichen Rechts „Auslandsrundfunk“ nur in ungeschriebenen Bundeskompetenzen erblickt werden[43] (vgl. dazu unter B. VIII. 3. c) dd)).

V. Stiftung, Körperschaft, Anstalt des öffentlichen Rechts – gemeinsame Merkmale und Abgrenzung

1. Eigenschaften; Qualifizierung als Stiftung öffentlichen Rechts

Die Stiftung des öffentlichen Rechts ist eine juristische Person des öffentlichen Rechts und damit der Körperschaft verwandt, die ausnahmslos selbstständiges Rechtssubjekt ist. Demgegenüber kann, wenn auch selten[44], die Stiftung auch in unselbstständiger (treuhänderischer oder fiduziarischer) Form auftreten, wobei die gestiftete Vermögensmasse durch den Stifter einer natürlichen oder juristischen Person übertragen wird, mit der Bestimmung, die Erträge des Vermögens zur Verfolgung eines bestimmten Zwecks zu verwenden. Die gestiftete Vermögensmasse ist als Sondervermögen getrennt zu verwalten, geht aber in das Eigentum des Empfängers über[45]. So umfasst die Definition des Bayerischen Stiftungsgesetzes (Art. 1 Abs. 2), die prototypisch in Ermangelung einer entsprechenden Regelung des Bundesbereichs herangezogen werden soll, als Stiftungen des öffentlichen Rechts Organisationsformen, die Rechtspersönlichkeit besitzen, aber auch solche, die unselbstständig (treuhänderisch, fiduziarisch) ausgestaltet sind. Die Definition bezeichnet als Stiftung des öffentlichen Rechts Einrichtungen, die „ausschließlich öffentliche Zwecke verfolgen und mit dem Staat, einer Gemeinde, einem Gemeindeverband oder einer sonstigen Körperschaft oder Anstalt des öffentlichen Rechts in einem organischen Zusammenhang stehen, der die Stiftung selbst zu einer öffentlichen Einrichtung macht“. Aussagen zum Charakter der öffentlich-rechtlichen Stiftung macht auch das Bundesverfassungsgericht, ohne dass dabei allerdings die Gefahr einer Tautologie völlig vermieden wird, soweit das Gericht in besonderem

43 Lerche beruft sich dabei auch auf den allgemeineren Typus der „freiheitsichernden Anstalt“. Ablehnend zur Verwaltungskompetenz des Bundes nach Art. 87 Abs. 1 GG in Bezug auf die Kompetenz des Bundes zur Veranstaltung von Auslandsrundfunk auch *Dörr*, Die verfassungsrechtliche Stellung der Deutschen Welle, 1998, S. 24. Dörr will aber als Kompetenznorm Art. 87 Abs. 3 Satz 3 GG heranziehen, der flexiblere Organisationsformen zulasse; eine Ansicht, die Lerche zu Recht schon deshalb ablehnt, weil er in der Haupttätigkeit des Auslandsrundfunks keine „Verwaltung“ erkennen kann.

44 Vgl. dazu *von Campenhausen,* in: Seifart/von Campenhausen (Hrsg.), Stiftungsrechtshandbuch, 3. Aufl. 2009, § 16 Rdnr. 1 ff.

45 Vgl. hierzu näher *von Campenhausen*, in: Seifart/von Campenhausen (Hrsg.), Stiftungsrechtshandbuch, 3. Aufl. 2009, § 2 Rdnr. 4, 5.

Maße auf den Zusammenhang mit der staatlichen Verwaltungsorganisation abstellt[46].

Problematisch ist seit eh und je die Unterscheidung der Stiftung des öffentlichen Rechts von einer gleichartigen privatrechtlichen Einrichtung[47]. Die Unterscheidung ist verhältnismäßig einfach, wenn die Stiftung des öffentlichen Rechts durch Gesetz oder Verwaltungsakt, Rechtsverordnung oder Staatsvertrag entstanden ist. Bei älteren Stiftungen dürfte dieses Merkmal aber in der Regel versagen; hier ist entscheidend, ob die Stiftung mit öffentlich-rechtlichen Strukturmerkmalen ausgestattet und in den Bereich einer öffentlichen Organisation einbezogen worden ist[48]. Zu diesen Merkmalen gehören der öffentliche Zweck und der entsprechende organisatorische Zusammenhang mit dem Staat oder einer anderen juristischen Person des öffentlichen Rechts. Das hier gelegentlich genannte Kriterium der „hoheitlichen Befugnisse" kann nicht ausschlaggebend sein. Zwar wäre dieses Merkmal signifikant, es würde aber zum Ausschluss all zu vieler einschlägiger Organisationen führen, weil Stiftungen des öffentlichen Rechts solche Befugnisse häufig nicht benötigen; in der Regel setzen sie keine eingreifenden Akte. Als entscheidend dürfte anzusehen sein, wie das Verhältnis der Stiftung zum öffentlich-rechtlichen Verwaltungssystem des Staates beschaffen ist; liegt eine Zugehörigkeit vor, die die Stiftung zumindest im weiteren Sinn als Teil der öffentlichen Organisation erscheinen lässt (mag sie auch staatsfern oder staatsdistanziert agieren), wird man sie als Stiftung öffentlichen Rechts qualifizieren können, wobei aber letztendlich eine Gesamtbetrachtung den Ausschlag geben muss.

Kann weder ein Gesetz, noch ein Verwaltungsakt, noch eine Rechtsverordnung, noch ein Staatsvertrag nachgewiesen werden, so kann auf die sogenannte „unvordenkliche Verjährung"[49] zurückgegriffen werden. Sie ist nicht nur im Straßen- und Wegerecht als Behelf bei einer nicht nachweisbaren Widmung anwendbar; sie vermag auch den staatlichen Legitimationsakt zu ersetzen, der bei der Gründung einer Stiftung des öffentlichen Rechts vorliegen muss. Freilich handelt es sich nur um

46 BVerfGE 15, 46 (66), im Anschluss eine Zitierung der Definition der Stiftung des öffentlichen Rechts im seinerzeitigen Bayerischen Stiftungsgesetz: „Es kommt also darauf an, ob eine Stiftung in das staatliche Verwaltungssystem eingegliedert ist, ob sie einen organischen Bestandteil der staatlichen Ordnung bildet, kurz ob es sich um eine öffentlich-rechtlich gestaltete Institution handelt. Das muss aus der Gesamtheit aller Umstände erschlossen werden. Es kann nicht allein auf den Inhalt des Statutes ankommen (so BVerfGE 6, 257 [269]); auf die praktische Handhabung, auf die Nähe zur öffentlichen Verwaltung, in der sich das Wirken der betreffenden Institution effektiv vollzieht, kommt es ebenso an...".

47 Nach *Forsthoff*, Lehrbuch des Verwaltungsrechts, Bd. I, Allgemeiner Teil, 10. Aufl. 1973, S. 507, hat sich das Recht der Stiftungen der Grenzziehung zwischen privatem und öffentlichem Recht von jeher in hohem Maße entzogen.

48 Siehe dazu *Wolff/Bachof/Stober*, Verwaltungsrecht III, 5. Aufl. 2004, § 89 Rdnr. 13; *Ebersbach*, Handbuch des deutschen Stiftungsrechts, 1972, S. 184; *von Campenhausen*, in: Seifart/von Campenhausen (Hrsg.), Stiftungsrechtshandbuch, 3. Aufl. 2009, § 11 Rdnr. 11.

49 Siehe hierzu *Wolff/Bachof/Stober*, Verwaltungsrecht II, 7. Aufl. 2010, § 75 Rdnr. 20.

eine widerlegbare Vermutung, die aber bis zum Beweis des Gegenteils den Legitimationstitel vertreten kann.

Insgesamt ist aber die Staatspraxis durchaus uneinheitlich; so bezeichnen sich etwa das Deutsche Museum in München als Anstalt, das Germanische Nationalmuseum in Nürnberg dagegen als Stiftung des öffentlichen Rechts. Das Deutsche Rote Kreuz wiederum ist Körperschaft des öffentlichen Rechts[50], obwohl eine besondere, mitgliedschaftlich ausgerichtete Struktur dieser Einrichtung im Grund nicht erkennbar ist.

Es könnte auch daran gedacht werden, die über eine Stiftung ausgeübte Aufsicht als Kriterium für den öffentlich-rechtlichen oder privatrechtlichen Charakter der Stiftung heranzuziehen. Die Stiftungsaufsicht ist jeweils vom Gesetzgeber entweder generell (so meist in den landesrechtlichen Stiftungsgesetzen) oder bei bundesunmittelbaren Stiftungen individuell durch Stiftungsgesetz oder sonstigen Stiftungsakt festgelegt und näher umschrieben. Diese Aufsicht kann aber für die Qualifizierung nicht ausschlaggebend sein, weil eine staatliche Aufsicht für beide Arten von Stiftungen eingerichtet ist. Das Element hoheitlicher Aufsicht kann nicht einmal dazu dienen, Stiftungen von Körperschaften oder Anstalten des öffentlichen Rechts zu unterscheiden. Auch Letztere stehen unter einer, wie auch immer gearteten, staatlichen Aufsicht. Auch die Tatsache, dass der Staat selbst als Stifter auftritt[51], vermag nicht über die Zuordnung zur einen oder anderen Alternative zu entscheiden, weil der Staat nicht auf eine hoheitliche Aufgabenerfüllung reduziert werden kann; dies würde den Fiskalbereich mit seinem umfangreichen Handlungspotenzial außer Acht lassen. Damit ist über die Berechtigung des Staates, nach seiner Wahl öffentlich-rechtlich oder privatrechtlich vorzugehen, noch nichts ausgesagt; Fakt ist aber, dass er in der Praxis ein solches Wahlrecht weitgehend beliebig wahrnimmt und Stiftungen des privaten Rechts, wie bereits dargelegt, in noch größerer Anzahl als solche des öffentlichen Rechts gründet (vgl. dazu unter B. I. 3. b)).

2. Abgrenzung

a) Stiftung des öffentlichen Rechts und Körperschaft

Die oben schon angesprochene Gegenposition der Stiftung des öffentlichen Rechts zur Körperschaft ergibt sich einerseits aus der bei der Stiftung stattfindenden Vermögenswidmung zugunsten eines bestimmten Zweckes, andererseits aus den mitgliedschaftlichen Strukturen, die für die Körperschaft typusbildend sind. Gewisse

50 Siehe hierzu BVerfGE 6, 257.
51 Vgl. hierzu die Nachweise bei Fn. 21.

Übergänge sind freilich vorstellbar; der Stifter könnte möglicherweise die Stellung der Nutznießer der Erträge (Destinatäre) durch entsprechende Rechtseinräumung der Position der Mitglieder einer Körperschaft annähern; denkbar ist auch, dass die Stiftungsorgane bei der Verfolgung ihrer Aufgabe, den Stifterwillen zu verwirklichen, den Willen der Destinatäre zu berücksichtigen hätten. Wenn allerdings definitiv eine vereinsartige Körperschaft (privaten oder öffentlichen Rechts) errichtet würde, wäre der Charakter der Stiftung verlassen; die Bezeichnung als „Stiftung" wäre zwar nicht unzulässig, da der Begriff in keiner Weise „geschützt" ist, aber irreführend.

Es verbleiben die deutlichen Unterschiede der Vermögenszentriertheit und der fehlenden Mitgliedschaft von Personen bei der Stiftung des öffentlichen Rechts, unabhängig von hybriden Zwischenformen, die auf dem freien Feld der Gestaltungsmöglichkeiten denkbar sind, die die bundesunmittelbare Stiftung öffentlichen Rechts eröffnet.

b) Abgrenzung zur Anstalt des öffentlichen Rechts

Die Abgrenzung der Stiftung des öffentlichen Rechts von der Anstalt öffentlichen Rechts ist schwierig. Wie bereits oben dargestellt, ist die Emanzipation der Stiftung des öffentlichen Rechts von der Anstalt des öffentlichen Rechts erst in neuerer Zeit erfolgt. Bei den Klassikern des deutschen Verwaltungsrechts erscheint die öffentlich-rechtliche Stiftung nicht neben der Anstalt des öffentlichen Rechts als selbstständige juristische Person[52]. Die herkömmliche Definition der öffentlich-rechtlichen Anstalt („Bestand von Mitteln, sächlichen wie persönlichen, welche in der Hand eines Trägers öffentlicher Verwaltung einem besonderen öffentlichen Zweck dauernd zu dienen bestimmt sind")[53] offenbart eine gewisse Verwandtschaft mit der Definition der Stiftung des öffentlichen Rechts. Diese Affinität wird noch deutlicher, wenn die Anstalt unter Komprimierung der Definition von Otto Mayer schlagwortartig als „Zweckvermögen" charakterisiert wird.

Gleichwohl vermag die Definition von Otto Mayer in ihrer Langfassung Unterschiede zur Stiftung öffentlichen Rechts zu offenbaren, die es rechtfertigen, letztere als juristische Person zu verselbstständigen[54]. Bei Otto Mayer kommt es nicht so sehr auf den monetären oder finanziellen Aspekt an als auf die Zusam-

52 Bei *Otto Mayer*, Deutsches Verwaltungsrecht, 3. Aufl. 1924, Bd. II, S. 335 werden die Stiftungen des öffentlichen Rechts als Unterfall der öffentlichen Anstalt mitbehandelt.

53 Siehe dazu *O. Mayer*, ebd., S. 268. Vgl. dazu auch *Krebs*, Die öffentlich-rechtliche Anstalt, NVwZ 1985, S. 609 ff.

54 Siehe zum Problem auch *Schulte*, Staat und Stiftung, 1989, S. 7 ff., 13 unter kritischer Sichtung der vorgeschlagenen Kriterien; *Kilian*, Flucht des Staates in die Stiftung?, in: Mecking/Schulte (Hrsg.), Grenzen der Instrumentalisierung von Stiftungen, 2003, S. 87, 106 f.

menfassung eines Sach- und Personenbestandes, der zur Verfügung der Anstaltsbenutzer steht. Demgegenüber ist die Stiftung des öffentlichen Rechts in ihrer klassischen Ausprägung als Vermögensstiftung der Nutzung eines Stiftungsvermögens gewidmet, wobei der Kreis der Destinatäre häufig enger ist als der gelegentlich bis zur Anonymität reichende Kreis der Anstaltsbenutzer[55]. Wenn auch in der Gegenwart das Bild der über einen ausreichenden Kapitalstock verfügenden Vermögensstiftung, das diesen Ausführungen zu Grunde liegt, nicht mehr ungetrübt ist, weil Einkommensstiftungen immer zahlreicher werden, die über kaum disponibles Stiftungsvermögen verfügen und für die laufende Verwaltung auf Haushaltszahlungen angewiesen sind, so steht im einen wie im anderen Fall die Vermögensbezogenheit der Stiftung im Vordergrund, unterschiedlich ist nur die Quelle, aus der die Mittel fließen.

Ein Zweites kommt hinzu: Die öffentlich-rechtliche Anstalt der Gegenwart weist in der neueren Zeit häufig eine Organstruktur auf, die Gruppen und Interessenvertretern aus der gesellschaftlichen Sphäre eine Mitwirkung eröffnet[56]. Damit gewinnt die öffentlich-rechtliche Anstalt körperschaftliche Züge; sie wird auch wie die Körperschaft regelmäßig zur mittelbaren Staatsverwaltung gezählt (für Rundfunkanstalten gilt dies angesichts ihrer staatsfernen Organisation allerdings nicht), während für die Stiftung des öffentlichen Rechts eine solche Qualifikation nur dann richtig sein kann, wenn auf diese Weise originäre Staatsaufgaben erfüllt werden[57].

Soweit der Staat aber Stiftungen gründet, die er ganz oder weitgehend aus seiner Direktionsgewalt entlässt, was mit einer materiellen Aufgabenprivatisierung verbunden ist, die nicht mit den Verfassungsprinzipien des Grundgesetzes oder den Grundrechtsverbürgungen kollidieren darf, so ist bei diesem Typus von Stiftung des öffentlichen Rechts, wie schon erwähnt, der Begriff der mittelbaren Verwaltung ebenso fehl am Platz wie bei den Rundfunkanstalten. Stiftungen des öffentlichen Rechts des letztgenannten Typus, wozu auch die angedachte Stiftung des öffentlichen Rechts ‚Auslandsrundfunk'" gehört, ähneln in ihrer staatsdistanzierten, der Gesellschaft angenäherten Stellung sehr stark den öffentlich-rechtlichen Rundfunkanstalten, so dass ein Austausch der Formen nicht fernliegt. Dies beweist

55 Prägnant formuliert in diesem Zusammenhang *Forsthoff*, Lehrbuch des Verwaltungsrechts, Bd. I, Allgemeiner Teil, 10. Aufl. 1973, S. 509, der Unterschied zur Anstalt bestehe vor allem darin, dass die Stiftung in viel höherem Maße an ein sachliches Substrat gebunden sei als erstere und im Wesen durch diese Gebundenheit bestimmt werde. Kenne man ihr sachliches Substrat, so habe man damit ein Bild von der Stiftung und ihrer Verwaltung. Für die öffentliche Anstalt gelte entsprechendes nicht.

56 Dazu auch *Breuer*, VVDStRL 44 (1986), S. 211 (221).

57 *W. Weber*, Die Körperschaften, Anstalten und Stiftungen des öffentlichen Rechts, 2. Aufl. 1943, S. 41, zitiert nach BVerfGE 10, 20 (46), bemerkt allerdings, dass bei der Stiftung auch des öffentlichen Rechts im allgemeinen Vermögen- und Zweckbindung im Vordergrund stehen, so dass die mit dem Stiftungsvermögen verknüpfte hoheitliche Verwaltungstätigkeit „im Gegensatz zu den Anstalten eher als eine Zutat von untergeordnetem Range" erscheint.

der Österreichische Rundfunk, Stiftung des öffentlichen Rechts. Im Jahre 1974 wurde der ORF in eine Anstalt öffentlichen Rechts überführt. Durch die letzte große Reform im Jahr 2000 (ORF-Gesetzesnovelle BGBl. I Nr. 83/2001) wurde der ORF in eine Stiftung öffentlichen Rechts umgewandelt. Begünstigter der Stiftung ist die Allgemeinheit. Das ORF-Gesetz hat im Rahmen des Versorgungsauftrages dem ORF auch einen Bildungsauftrag aufgegeben. Der ORF finanziert sich als öffentlich-rechtlicher Sender aus dem Programmentgelt, der Rundfunkgebühr, dem Kunstförderungsbeitrag und allenfalls noch zusätzlich bestehenden Landesabgaben.

VI. Die Rechtslage der Stiftung des öffentlichen Rechts

1. Sedes materiae

Die Rechtslage der Stiftung des öffentlichen Rechts ist zwischen Bund und Ländern und von Land zu Land disparat. Auch die bundesunmittelbaren Stiftungen des öffentlichen Rechts sind von Fall zu Fall unterschiedlich strukturiert. Die Vorschriften des Bürgerlichen Gesetzbuchs (§§ 80 ff.) beziehen sich prinzipiell nur auf Stiftungen des privaten Rechts und können nur nach ausdrücklicher gesetzlicher Anordnung oder, soweit eine Analogie in Betracht kommt, auch auf die Stiftung öffentlichen Rechts Anwendung finden. Vereinzelt treffen auch die verschiedenen Stiftungsgesetze der Länder ausführliche oder wenigstens kursorische Regelungen über die Stiftung des öffentlichen Rechts[58], die aber selbstverständlich dem Landesrecht zugehören muss. Für Stiftungen des öffentlichen Rechts, die bundesunmittelbaren Charakter haben, gibt es keine positive gesetzliche Regelung; es fehlt an einem Bundesstiftungsgesetz, auch wenn dessen Erlass gelegentlich gefordert wird[59].

58 So das Stiftungsgesetz für Baden-Württemberg vom 4. Oktober 1977 (GVBl. S. 408) §§ 5 ff. – Bayerisches Stiftungsgesetz in der Fassung der Bekanntmachung vom 26. September 2008 (GVBl. 2008, S. 834) Art. 1 III und IV; Art. 3 II; Art. 5 III – Hessisches Stiftungsgesetz vom 23. Mai 11973 (GVBl. I S. 161 i.d.F. des Gesetzes vom 6. September 2007 [GVBl. I S. 546]) § 1, 2 – Sächsisches Stiftungsgesetz vom 7. August 2007 (Sächs. GVBl. S. 386) § 1, 12 – Sachsen-Anhaltinisches Gesetz über die Bildung und Tätigkeiten von Stiftungen vom 1. Januar 1997 (GVBl. S. 144) § 1, 24 – Thüringisches Stiftungsgesetz vom 16. Dezember 2008 (GVBl. S. 561) § 3 I, III, IV, § 13. Das Saarländische Stiftungsgesetz in der Fassung der Bekanntmachung vom 9. August 2004 (ABl. S. 1825) und das Stiftungsgesetz von Schleswig Holstein in der Fassung der Bekanntmachung vom 2. März 2000 (GVOBl. 2000, S. 208) betreffen nur Stiftungen des bürgerlichen Rechts.

59 Vgl. das Plädoyer für den Erlass eines allgemeinen Bundesstiftungsgesetzes bei *Kilian*, Flucht des Staates in die Stiftung, in: Mecking/Schulte (Hrsg.), Grenzen der Instrumentalisierung von Stiftungen, 2003, S. 87 (114).

Sind Stiftungen des öffentlichen Rechts durch Gesetz errichtet worden, wie das meist für den Bundesbereich der Fall ist, so sind selbstverständlich diese gesetzlichen Regelungen für den Rechtsstatus der Stiftung maßgeblich. Ergänzend kann auch auf Rechtsgedanken zurückgegriffen werden, wie sie sich in den Stiftungsgesetzen der Länder für die Stiftungen des öffentlichen Rechts finden. Im Übrigen ist die Rechtslage der Stiftung öffentlichen Rechts im Wesentlichen nach allgemeinen Grundsätzen des Verwaltungsorganisationsrechts, insbesondere des Rechts der verselbstständigten Verwaltungsträger (juristische Personen) zu bestimmen. Von entscheidender Bedeutung für die Errichtung von Stiftungen des öffentlichen Rechts von Bund und Ländern ist das Grundgesetz mit seiner Verteilung der Gesetzgebungs- und Verwaltungskompetenzen zwischen Bund und Ländern (siehe dazu unter B. VIII. 3.).

2. Analogiefähige Bestimmungen der Landesstiftungsgesetze

Für Stiftungen des öffentlichen Rechts kann den landesrechtlichen Regelungen immerhin entnommen werden, dass sie ausschließlich öffentliche Zwecke verfolgen und mit dem Staat, einer Gemeinde, einem Gemeindeverband oder einer sonstigen unter der Aufsicht des Staates stehenden Körperschaft oder Anstalt des öffentlichen Rechts in einem organischen Zusammenhang stehen, der die Stiftung selbst zu einer öffentlichen Einrichtung macht (Art. 1 Abs. 3 BayStiftG). Nach Satz 2 dieses Absatzes sind die öffentlichen Zwecke, die eine Stiftung des öffentlichen Rechts ausschließlich verfolgen darf, solche der Religion, der Wissenschaft, der Forschung, der Bildung, des Unterrichts, der Erziehung, der Kunst, der Denkmalpflege, der Heimatpflege, des Schutzes der natürlichen Lebensgrundlagen, des Sports, der sozialen Aufgaben oder sonstige Gemeinwohlaufgaben. Stiftungen des öffentlichen Rechts sind im Übrigen auch Stiftungen, die ausschließlich kirchliche Zwecke verfolgen und mit einer Kirche im Sinne des Art. 21, einer kirchlichen Körperschaft des öffentlichen Rechts oder einer sonstigen Körperschaft in einem organischen Zusammenhang entsprechend Abs. 3 Satz 1 stehen (so Art. 1 Abs. 4 BayStiftG).

Nach Art. 3 Abs. 2 BayStiftG entsteht die Stiftung des öffentlichen Rechts, soweit sie nicht durch Gesetz errichtet wird, durch Stiftungsgeschäft und Anerkennung in entsprechender Anwendung der §§ 80-84 BGB. Der Anerkennung bedarf es jedoch nicht, wenn der Freistaat Bayern Stifter oder Mitstifter ist. Art. 5 Abs. 3 BayStiftG bestimmt, dass sich der notwendige Inhalt der Satzung einer Stiftung des öffentlichen Rechts nach § 81 Abs. 1 Satz 3 BGB zu richten hat, mit der Maßgabe, dass die Satzung auch Regelungen über Rechtsstellung und Art der Stiftung sowie über Zusammensetzung und Aufgaben von Stiftungsorganen enthalten muss.

Auch werden die §§ 26, 27 Abs. 3, 28 und 30 BGB für entsprechend anwendbar erklärt, § 27 Abs. 3 und § 28 Abs. 1 jedoch nur insoweit, als sich nicht aus dem Gesetz oder der Satzung Abweichendes ergibt (Art. 5 Abs. 3 Satz 2 BayStiftG).

Nach Art. 8 Abs. 1 BayStiftG sind für die Umwandlung des Zwecks und das Erlöschen der Stiftungen des öffentlichen Rechts § 87 und 88 BGB entsprechend anzuwenden. Damit sind die für eine privatrechtliche Stiftung vorhandenen (engen) Möglichkeiten, die Zweckbestimmung zu verändern oder die Stiftung ganz aufzuheben, auch für die Stiftung des öffentlichen Rechts gültig[60]. Gleichwohl ist die Stiftung des öffentlichen Rechts neuen Verhältnissen zugänglicher, weil der Gesetzgeber, der sie in der Regel durch legislativen Akt geschaffen hat, nicht daran gehindert ist, das Gesetz zu ändern oder ganz aufzuheben.

Nach Art. 10 Abs. 1 BayStiftG unterstehen Stiftungen, die öffentliche Zwecke verfolgen (so alle Stiftungen des öffentlichen Rechts mit Ausnahme der staatlich verwalteten Stiftungen) der Rechtsaufsicht des Staates (Stiftungsaufsicht). Stiftungsaufsichtsbehörden sind die Regierungen, oberste Stiftungsaufsichtsbehörden sind die Staatsministerien für Wissenschaft, Forschung und Kunst, für Unterricht und Kultus und des Inneren.

Anders als das Bayerische Stiftungsgesetz trifft § 18 BadWürttStiftG genauere Bestimmungen über das Entstehen einer Stiftung des öffentlichen Rechts. Eine solche wird durch Stiftungsakt und Verleihung der öffentlich-rechtlichen Rechtsfähigkeit begründet. Stiftungen des Landes entstehen durch den Stiftungsakt der Landesregierung. Die öffentlich-rechtliche Rechtsfähigkeit wird durch die Stiftungsbehörde oder, im Fall einer Mitstiftung durch das Land, durch die Landesregierung verliehen. Dies gilt aber nur, wenn die Stiftung nicht selbst durch ein Landesgesetz ins Leben gerufen wird[61].

Das Hessische Stiftungsgesetz verlangt für die Stiftung des öffentlichen Rechts, dass diese im Stiftungsakt oder in der Anerkennung ausdrücklich als solche bezeichnet wird (§ 2 Abs. 2 HessStiftG). Für die Anerkennung einer Stiftung öffentlichen Rechts ist die Landesregierung zuständig (§ 3 HessStiftG). Soweit Zweifel über die Rechtsnatur einer Stiftung bestehen, vor allem darüber, ob sie eine Stiftung des bürgerlichen oder des öffentlichen Rechts, eine Familienstiftung, eine örtliche, kirchliche oder weltanschauliche Stiftung ist, so entscheidet die Aufsichtsbehörde.

60 Siehe hierzu eingehend *Kilian*, Stiftungen als staatliche Nebenhaushalte, in: Bundesverband Deutscher Stiftungen (Hrsg.), Ein modernes Stiftungsprivatrecht zur Förderung und zum Schutz des Stiftungsgedankens, 2001, S. 71 ff., 107 ff.; *Dewald*, Die privatrechtliche Stiftung als Instrument zur Wahrnehmung öffentlicher Zwecke, 1990, S. 84. Unberührt davon bleiben allerdings Zweckänderungen, die nach den Bestimmungen der Stiftungssatzung möglich und zulässig sind.

61 Zum institutionellen Gesetzesvorbehalt als zentrale Schranke für die staatliche Errichtung von Stiftungen des öffentlichen Rechts siehe *Schröder*, Die staatlich errichtete Stiftung des öffentlichen Rechts – ein aussterbendes Rechtsphänomen?, in: Mecking/Schulte (Hrsg.), Grenzen der Instrumentalisierung von Stiftungen, 2003, S. 117 (122 f.).

Nach § 10 Abs. 1 RheinlPfälzStiftG bedarf eine Stiftung öffentlichen Rechts zur Erlangung der Rechtsfähigkeit der Anerkennung durch die Stiftungsbehörde. Dies gilt nicht, wenn sie durch Gesetz, auf Grund eines Gesetzes oder durch einen Akt der Landesregierung errichtet wird. Nach § 12 Abs. 2 SachsAnhaltStiftG entsteht eine Stiftung des öffentlichen Rechts durch Gesetz, soweit in den §§ 13 und 14 nicht Abweichendes geregelt ist (die Vorschriften betreffen kommunale und kirchliche Stiftungen). § 13 Abs. 1 ThürStiftG bestimmt, dass eine Stiftung des öffentlichen Rechts durch Gesetz oder auf Grund eines Gesetzes entsteht; besondere Regelungen für kirchliche Stiftungen bleiben unberührt. Die Vorschriften des zweiten Abschnitts des Gesetzes über Stiftungen bürgerlichen Rechts gelten für die Stiftung des öffentlichen Rechts entsprechend. Stiftungen des öffentlichen Rechts können dienstherrenfähig sein und hoheitliche Befugnisse besitzen; diese sind durch Gesetz oder auf Grund eines Gesetzes festzulegen. Falls die Satzung nichts anderes bestimmt, fällt das Vermögen im Fall des Erlöschens der Stiftung an das Land.

VII. Hybride Formen

Die geringe rechtliche Konturiertheit der Stiftung, vor allem derjenigen öffentlichen Rechts, und das Fehlen, die Lückenhaftigkeit oder die nur partielle Geltung von Rechtsnormen haben dazu geführt, dass zahlreiche Misch- und Übergangsformen entstanden sind, die als „Hybridformen“ bezeichnet werden können.

Übergangsformen sind aufzufinden im Hinblick auf

1. Stiftungszweck
   - Gemessen am überkommenen, weithin noch typischen Leitbild der Stiftung als gemeinwohlorientierter Widmung eines Stiftungsstocks durch den Stifter in organisierter Form verlassen Stiftungen, die nur dem eigenen Nutzen oder dem der Familie dienen (Familienstiftungen) den grundsätzlichen Leitgedanken des Altruismus.
   - Mit der prinzipiell auf Dauer ausgerichteten Stiftungsidee verträgt sich die neuere Erscheinung einer „Stiftung auf Zeit“ nicht. Dazu gehören auch sogenannte „Verbrauchsstiftungen“, bei denen Stiftungen ihre Zielsetzung nicht mit den Erträgen des Stiftungsvermögens erfüllen können, sondern dieses sukzessive aufbrauchen. Mit dem Verschwinden des Stiftungsvermögens wird aber die Möglichkeit hinfällig, den Stiftungszweck zu erfüllen.
2. Vermögen
   - Einkommensstiftungen, die auf Haushaltsdotierungen des Staates angewiesen sind, weichen stark vom Stiftungsgedanken ab; hierzu zählen auch Stiftungen, die zwar über ein großes Stiftungsvermögen verfügen, das aber keine Erträge abwirft (Kunstsammlungen!), und die ebenfalls auf Haus-

haltszuwendungen angewiesen sind. Sammelstiftungen, die das notwendige Stiftungsvermögen erst im Lauf einer bestimmten Zeitspanne anhäufen, sind dagegen unproblematisch, wenn das Vermögensaufkommen gesichert ist.

3. Organisation
   - Eine Zwischenstellung nimmt die vom Grundgesetz zugelassene (Art. 135 Abs. 4 GG) Stiftung „Preußischer Kulturbesitz“ ein, die Bund und Länder in der Trägerschaft und Finanzierung dieser Stiftung zusammenführt.
   - Als Stiftungen sui generis kann man auch die Stiftungen bezeichnen, die in Niedersachsen als Trägerschaftsstiftungen für dortige Hochschulen entstanden sind. Die Körperschaft des öffentlichen Rechts Universität oder Hochschule besteht als solche weiter, die Stiftung des öffentlichen Rechts erfüllt aber an Stelle des Staates die ehemals diesem obliegenden Intendanzaufgaben im Bereich von Personal und Finanzierung. Die Stiftung des öffentlichen Rechts stellt also quasi ein schützendes Dach dar, unter dem die beteiligten Hochschulen ihre Aufgaben in Forschung und Lehre in Selbstverwaltung erfüllen können.
   - Auch die oben angesprochene Ausstattung der Stiftung des öffentlichen Rechts mit gewissen körperschaftlichen Zügen (Mitspracherecht der Destinatäre u.a.) kann als Übergangsform gewertet werden.
   - Andere Mischformen sind denkbar, so etwa eine Stiftung des öffentlichen Rechts, die als Trägerin für privatrechtliche Stiftungen oder auch für auf ihr aufbauende Stiftungen des öffentlichen Rechts dient. Ebenso ist eine privatrechtliche Stiftung denkbar, die wiederum als Trägerin für öffentlich-rechtliche Stiftungen fungieren kann, wobei die Frage ist, ob auf dieser Basis auch Stiftungen von Bund und Ländern oder sonstige juristische Personen von Bund und Ländern in einer Stiftung zusammengeschlossen werden können.
   - Schließlich kann als Mischform auch die angedachte Stiftung des öffentlichen Rechts „Auslandsrundfunk“ bezeichnet werden, die die öffentlich-rechtlichen Rundfunkanstalten Deutsche Welle und ZDF sowie weitere Landesrundfunkanstalten, dazu möglicherweise auch private Unternehmen, unter das Dach einer Stiftung bringen soll. In einem einzurichtenden Stiftungsrat können auch Vertreter von Bund und Ländern Sitz und Stimme haben, wie dies beispielsweise im Stiftungsrat der Stiftung „Preußischer Kulturbesitz“ der Fall ist. Da jedenfalls Einrichtungen von Bund und Ländern in einer öffentlich-rechtlichen Organisationseinheit zusammengefasst werden sollen, stellt sich die Frage nach der Zulässigkeit im Lichte der grundgesetzlichen Kompetenzbestimmungen (vgl. dazu sogleich).

VIII. Verfassungsrechtliche Zulässigkeit einer Stiftung des öffentlichen Rechts „Auslandsrundfunk“

1. Stiftungsarchitektur

Ziel der ins Auge gefassten Stiftung des öffentlichen Rechts „Auslandsrundfunk“ ist die Überwindung der bisherigen antithetischen Stellung von Auslands- und Inlandsrundfunk in dem bezeichneten Bereich von Programmentwicklung, Programmverwaltung und Programmnutzung ohne Änderung der verfassungsrechtlichen Grundlagen. Grund hierfür ist einerseits die als notwendig erkannte Präsenz der Länder auf dem auswärtigen Parkett, die für sie den Auslandsrundfunk zunehmend bedeutsam erscheinen lässt, andererseits bedarf der Auslandsrundfunk eines stärkeren Rückgriffs auf Programmressourcen der Landesrundfunkanstalten und des ZDF, ohne dass nicht finanzierbare Kosten anfallen.

Diese Stiftung des öffentlichen Rechts könnte als Trägerschaftsstiftung konzipiert werden, die Bundesrundfunkanstalt und Landesrundfunkanstalten umfasst. Sie wäre als Bund-Länder-Stiftung keineswegs ein Novum. Es existieren bereits mindestens drei Bund-Länder-Stiftungen, die allerdings privatrechtlich konzipiert sind, aber auch hier die Kompetenzregeln des Grundgesetzes einzuhalten haben[62]. Diese Stiftungen sind die „Volkswagen-Stiftung“, die Stiftung „Deutsches Elektronen-Synchrotron“ und die Stiftung „CAESAR“[63]. Die beiden erstgenannten Stiftungen sind durch Staatsverträge zwischen dem Bund und dem Land Niedersachsen bzw. dem Land Hamburg gegründet worden, die Stiftung CAESAR geht auf das Berlin/Bonn-Gesetz zurück. Für eine Einbeziehung von Privaten in die Stiftung des öffentlichen Rechts „Auslandsrundfunk“ existieren ebenfalls Vorbilder, die übernommen werden könnten[64].

Als Entstehungsakt einer solchen Stiftung käme ein Bund-Länder-Staatsvertrag in Betracht; auch solche Rechtsakte außerhalb des Stiftungsbereichs existieren und könnten vorbildhaft wirken. Beispiele aus neuerer Zeit bilden der Staatsvertrag über die Verteilung der Versorgungslasten bei bund- und länderübergreifenden Dienstherrenwechseln (in Kraft getreten am 1. Januar 2011), sowie der IT-Staats-

62 Vgl. hierzu schon das 1. Rundfunkurteil BVerfGE 12, 205 (225 ff.); vgl. weitere Nachweise in Fn. 20.

63 Siehe hierzu *Gölz*, Der Staat als Stifter. Stiftungen als Organisation mittelbarer Bundesverwaltung und gesellschaftlicher Selbstverwaltung, Diss. Bonn 1999, S. 58. Gölz führt auch die Beispiele auf, wo Bund und Länder bei öffentlich-rechtlichen Bundesstiftungen kooperieren; das ist neben der bekannten Stiftung „Preußischer Kulturbesitz“ auch der Fall bei der Stiftung „Haus der Geschichte der Bundesrepublik Deutschland“, Stiftung „Humanitäre Hilfe für durch Blutprodukte HIV-infizierte Personen“ und Stiftung „Mutter und Kind – Schutz des ungeborenen Lebens“.

64 Hierfür könnten vorbildhaft die Contergan-Stiftung und vor allem auch die Stiftung für ehemalige Zwangsarbeiter (Stiftung Verantwortung, Erinnerung und Zukunft) herangezogen werden.

vertrag zwischen Bund und Ländern, der seine Grundlage im neuen Art. 91c GG findet (in Kraft getreten am 1. April 2010). Da ein Bund-Länder-Staatsvertrag sowohl im Bund als auch bei den Ländern der Ratifizierung durch Gesetz oder durch einen gesetzesgleichen Beschluss des Landtags bedarf (so in Bayern), wären die Voraussetzungen eines eventuell zu beachtenden institutionellen Gesetzesvorbehalts jedenfalls gewahrt[65].

Das Stiftungsvermögen besteht in den jeweiligen Programmvorräten und -rechten bzw. gegebenenfalls eines Teils davon. Die laufenden Kosten der Stiftung könnten aus Zweitverwertungen der vorhandenen Programmvorräte bestritten werden; die Stiftung wäre jedenfalls keine Einkommensstiftung, die unmittelbar von staatlichen Zahlungen abhängig ist. Die Landesrundfunkanstalten sind ohnehin durch Werbung und Finanzierung durch die Rundfunkgebühr vom Staat finanziell weit abgerückt; die Deutsche Welle bleibt zwar haushaltsfinanziert, diese Ressourcen fließen aber allenfalls umgewandelt über Programmvorräte und deren Zweitverwertung in die Stiftung ein.

Die angedachte Stiftung des öffentlichen Rechts „Auslandsrundfunk“ teilt mit den in sie eingehenden öffentlich-rechtlichen Rundfunkanstalten deren Staatsferne und gesellschaftliche Pluralität. Im Staatsvertrag wäre festzulegen, wo die Rechtsaufsicht anzusiedeln ist; da es sich um eine Stiftung von Bund und Ländern handelt, kommen sowohl Bundes- als auch Landesbehörden in Betracht.

Die Stiftung ist mit einer adäquaten Organisation auszustatten, also mit einem Präsidenten, der auch Intendant einer der beteiligten Rundfunkanstalten sein kann, und einem Kuratorium oder einem Stiftungsrat, der die Interessen der beteiligten Anstalten und der privaten Medienunternehmer einzubringen hätte, möglicherweise auch in einer die Staatsferne nicht gefährdenden Weise die Belange von Bund und Ländern. Soweit die Stiftung selbstständig über programmliche Konzeptionen und Produktionen zu entscheiden hat, müsste auch für eine pluralistische Vertretung gesorgt werden, ersatzweise auch durch einen Sachverständigenrat, der die pluralistischen Interessen fiduziarisch wahrnimmt.

Auch für die Fragen der Rechnungsprüfung der Stiftung müssten staatsvertragliche Regelungen getroffen werden; die Rechnungsprüfung muss alternativ vom Bundesrechnungshof oder einem Landesrechnungshof vorgenommen werden. Je nachdem, welchem Organ sie anvertraut ist, ist die parlamentarische Kontrolle durch den Bundestag oder den Landtag des Landes vorzunehmen, dessen Landesrechnungshof tätig geworden ist.

65 Vgl. hierzu *Schröder*, Die staatlich errichtete Stiftung des öffentlichen Rechts – ein aussterbendes Rechtsphänomen?, in: Mecking/Schulte (Hrsg.), Grenzen der Instrumentalisierung von Stiftungen, 2003, S. 117 (122 f.).

2. Stiftung privaten oder öffentlichen Rechts?

Die Schaffung einer Stiftung des öffentlichen Rechts ist grundsätzlich eine Emanation der staatlichen Organisationsgewalt[66]. Diese beinhaltet schon begrifflich Gestaltungsfreiheit, die allerdings die verfassungsrechtlichen Grenzen nicht sprengen darf[67]. Grenzen der Formenwahlfreiheit des Staates werden durch das Demokratie- und Rechtstaatsprinzip und durch das Verbot bestimmt, Vermögen der öffentlichen Hand und seine Verwendung der Kontrolle der Parlamente vorzuenthalten. Für die ins Auge gefasste Stiftung des öffentlichen Rechts „Auslandsrundfunk" könnte auch an eine Stiftung privaten Rechts gedacht werden. Die herrschende Meinung in der Staats- und Verwaltungsrechtslehre gesteht dem Staat regelmäßig freie Wahl zwischen der öffentlichen und privaten Rechtsform zu[68], versucht allerdings der Flucht des Staates durch Aufnahme verschiedener öffentlichrechtlicher Bindungen (so der weiter bestehenden Regierungsverantwortlichkeit sowie der Kompetenzregeln) einen Riegel vorzuschieben.

Gerät aber die These von der Berechtigung des Staates, zwischen öffentlichrechtlichen und privatrechtlichen Rechtsformen zu wählen, schon generell zunehmend unter Kritik[69], so wird für die Rechtsform der Stiftung die Möglichkeit des Ausweichens auf die privatrechtliche Gestaltungsform ohne besondere Legitimationsbasis in besonderem Maß bestritten[70]. Dies hat nicht zuletzt praktische Gründe. Da Stiftungen des privaten Rechts durch den Staat in häufig deshalb gegründet werden, um privates Kapital zu akquirieren, wird dadurch die Gefahr heraufbeschworen, dass sich der Staat in selbem Maße aus seiner Träger- und Finanzierungsverantwortung zurückzieht, obwohl eine materielle Privatisierung im rechtlichen Sinn nicht stattfindet. Aber auch die sonstigen Überlegungen, die zur Wahl der privatrechtlichen Rechtsform führen könnten, sind nicht ohne weiteres tragfähig. Vor allem Schröder setzt sich ausführlich mit den staatlichen Motiven für die

66 Siehe hierzu grundlegend *W. Böckenförde*, Die Organisationsgewalt der Regierung, 1964, 2. Aufl. 1998; für die Stiftungen näher *Gölz*, Der Staat als Stifter. Stiftungen als Organisation mittelbarer Bundesverwaltung und gesellschaftlicher Selbstverwaltung, Diss. Bonn 1999, S. 156 ff., 193 ff.; *Schulte*, Staat und Stiftung, 1989, S. 60 ff.

67 Siehe hierzu *Mecking/Schulte*, Vorwort, in: dies. (Hrsg.), Grenzen der Instrumentalisierung von Stiftungen, 2003, S. VII f.

68 In diesem Sinn etwa *Ibler*, in: Maunz/Dürig, Art. 86 (2008) Rdnr. 80 ff.; *Ossenbühl*, Stiftungen als institutionelle Sicherung in der Wissenschaftsfreiheit, in: In einem vereinten Europa dem Frieden der Welt zu dienen... Liber amicorum für Oppermann, 2001, S. 846 f.; *Gölz*, Der Staat als Stifter. Stiftungen als Organisation mittelbarer Bundesverwaltung und gesellschaftlicher Selbstverwaltung, Diss. Bonn 1999, S. 215; *Battis*, Entlastung des Staates durch Outsourcing?, in: Mecking/Schulte (Hrgs.), Grenzen der Instrumentalisierung von Stiftungen, 2003, S. 45 (54); vgl. dazu auch die Nachweise bei Fn. 20.

69 Vgl. dazu den kritischen Überblick bei *Ehlers*, ebd.

70 Vgl. hierzu die von Mecking und Schulte im Vorwort zu dem von ihnen herausgegebenen Werk über „Grenzen der Instrumentalisierung von Stiftungen", 2003, S. VIII genannten Autoren (Rocek, Fiedler, Kilian, Schröder) des Sammelbandes.

Wahl der Privatrechtsform auseinander und weist nach, dass die staatlicherseits partiell wirkenden Motive einer größeren Flexibilität bei Gründung und Auflösung, bei der Handhabung des Dienst- und Besoldungsrechts, beim Haushaltsgebaren (beschränkte Prüfungsbefugnisse von Bund und Ländern), bei der Einwerbung privater Zuwendungsgeber, bei der sachlichen Aufgabenerfüllung und beim assoziativen Zusammenschluss unterschiedlicher Hoheitsträger in der Realität nicht im angenommenen Umfang existieren, bzw. durch öffentlich-rechtliche Bindungen, die in das privatrechtliche Handeln zu interpolieren sind, wieder neutralisiert werden.

Bei der privatrechtlichen Rechtsform ist vor allem ein Element nachteilig, das der staatlichen Flexibilität entgegensteht: Privatrechtliche Stiftungen können nicht ohne weiteres wieder aufgelöst werden, auch wenn dies einem nachträglich geänderten Stifterwillen entsprechen sollte. Sie verselbständigen sich, wie erwähnt nach dem Stiftungsakt und seiner Anerkennung, es sei denn, in der Stiftungssatzung werden abweichende Möglichkeiten eröffnet. Für das Projekt einer Stiftung des öffentlichen Rechts „Auslandsrundfunk" sollte die öffentlich-rechtliche Rechtsform vorrangig ins Auge gefasst werden. Für sie gilt der geschilderte Nachteil nicht; als eine durch Bund-Länder-Staatsvertrag zu schaffende Einrichtung kann sie auch durch actus contrarius ohne weiteres umgestaltet oder wieder beseitigt werden. Als eine Stiftung öffentlichen Rechts, die vor allem zur Programmentwicklung und -verwaltung gegründet würde, hätte sie an der Staatsferne des öffentlich-rechtlichen Rundfunks in eben der Weise teil wie die beteiligten Rundfunkanstalten, die diese Eigenschaft auf den neuen Programmträger weitergeben würden. Auch Grundrechtsfähigkeit nach Art. 5 Abs. 1 Satz 2 GG könnte für eine solche Stiftung angenommen werden, ohne dass man sie als privatrechtliche (mit dem angegebenen Nachteil der Verstetigung) gründen müsste.

Es könnten hier auch nicht Bedenken dahingehend erhoben werden, dass ein neuer „ministerialfreier Raum"[71] geschaffen würde; die vorhandene Programmautonomie der öffentlich-rechtlichen Rundfunkanstalten würde nur umorganisiert und die beschränkte Rechtsaufsicht, wie sie gegenüber den öffentlich-rechtlichen Rundfunkanstalten geführt wird, würde auch den neuen Rechtsträger Stiftung des öffentlichen Rechts Auslandsrundfunk" erfassen.

Sollte aber der Vorteil einer Stiftung privaten Rechts darin gesehen werden, dass sie durch privaten Stiftungsakt ins Leben gerufen werden könnte, also kein Gesetz (oder einen Bund-Länder-Staatsvertrag) benötigen würde, so ist darauf hinzuweisen, dass eine zunehmende Auffassung in der Literatur auch für privatrechtliche

71 Siehe hierzu näher *Ibler*, in: Maunz/Dürig, GG, Art. 86 (2008) Rdnr. 57 ff.; *Broß*, in: von Münch/Kunig, GG, Bd. III, 5. Aufl. 2003, Art. 86 Rdnr. 15 f.; grundlegend *Waechter*, Geminderte demokratische Legitimation staatlicher Institutionen im parlamentarischen Regierungssystem, 1994, S. 19 ff. Zum unpassenden Ausgangspunkt siehe schon bei Fn. 37.

Stiftungen des Staates die Geltung des institutionellen Gesetzesvorbehalts in Erwägung zieht[72] und angesichts der funktionellen Äquivalenz der privatrechtlichen Variante darin auch zu unterstützen ist.

3. Die Stiftung des öffentlichen Rechts „Auslandsrundfunk" im Kompetenzgefüge von Bund und Ländern

a) Ausgangslage

In jedem bundesstaatlichen System ist die Verteilung der staatlichen Aufgaben zwischen Bund und Ländern ein zentrales Thema der staatsorganisatorischen Regelungen der Verfassung. Das Grundgesetz unterscheidet in klassischer Weise Aufgaben der Gesetzgebung, der Verwaltung und Rechtsprechung und widmet ihnen je unterschiedliche Abschnitte seiner staatsorganisatorischen Regelungen (Art. 70 ff., 83 ff., 92 ff. GG). Ausgangspunkt des Verteilungskonzepts ist Art. 30 GG, der das Prinzip der Landeskompetenz dahingehend normiert, dass die Erfüllung der staatlichen Aufgaben auf den Gebieten von Gesetzgebung, Verwaltung und Rechtsprechung grundsätzlich Sache der Länder ist, soweit das Grundgesetz keine andere Regelung trifft oder zulässt. Daraus ist zu entnehmen, dass der Bund für ein Tätigwerden eines besonderen Titels bedarf, während die verbleibenden Kompetenzen der Länder „unbenannt" sind. Dieses Prinzip der Landeskompetenz wird in Art. 70 GG für die Gesetzgebung und in Art. 83 GG für die Ausführung der Bundesgesetze nochmals eigens wiederholt (die Ausführung der Landesgesetze wird durch Art. 30 GG in unbenannter Weise den Ländern zugewiesen).

Die Gesetzgebungskompetenz des Bundes für den Auslandsrundfunk ist durch Art. 73 Abs. 1 Nr. 1 GG (auswärtige Angelegenheiten) bestimmt. Die Rundfunkkompetenz der Länder ist (für den Inlandsrundfunk) unbestritten und ergibt sich als Teil ihrer Kulturkompetenz aus Art. 30, 70 GG. In Anbetracht der Rechtsform der Deutschen Welle als einer selbstständigen Anstalt des Bundesrechts und der Organisation der geplanten Stiftung des öffentlichen Rechts „Auslandsrundfunk" als Stiftung des öffentlichen Rechts könnte der Gedanke auftauchen, Art. 87 Abs. 3 Satz 1 GG als kompetentielle Grundlage für das Handeln des Bundes heranzuziehen. Danach können für Angelegenheiten, für die dem Bund die Gesetzgebung zusteht, selbstständige Bundesoberbehörden und neue bundesunmittelbare

72 Siehe hierzu *Ehlers*, Verwaltung in Privatrechtsform, 1984, S. 113 ff.; *Schulte*, Staat und Stiftung, 1989, S. 64 ff.; *Ossenbühl*, Stiftungen als institutionelle Sicherung in der Wissenschaftsfreiheit, in: In einem vereinten Europa dem Frieden der Welt zu dienen... Liber amicorum für Oppermann, 2001, 841 ff.; ausführlich auch *Schröder*, Die staatlich errichtete Stiftung des öffentlichen Rechts – ein aussterbendes Rechtsphänomen?, in: Mecking/Schulte (Hrsg.), Grenzen der Instrumentalisierung von Stiftungen, 2003, S. 117 (123 ff.).

Körperschaften und Anstalten des öffentlichen Rechts durch Bundesgesetz errichtet werden. Wie bereits bemerkt wurde, erwähnt das Grundgesetz in seinen für die verselbstständigten Verwaltungsträger des Bundesrechts wesentlichen Bestimmungen (Art. 86, 87 Abs. 2 und 3 GG) die Stiftungen des öffentlichen Rechts nicht; der Anstaltsbegriff, der verfassungsrechtlich verwendet wird, verträgt aber auch eine Ausdehnung auf die Stiftungen des öffentlichen Rechts[73]. Für die Länder würde sich eine Kompetenz zur Stiftungserrichtung auf jeden Fall aus Art. 30 GG ergeben.

b) Stellung und Entstehungsbedingungen öffentlich-rechtlicher Stiftungen des Bundes

Bei den Stiftungen des öffentlichen Rechts ist bereits erwähnt worden, dass bei ihnen im Allgemeinen Vermögen und Zweckbindung so im Vordergrund stehen, dass eine öffentlich-rechtliche Verwaltungstätigkeit allenfalls als Beiwerk erscheint[74]. Zwangsgewalt ist den Stiftungen des öffentlichen Rechts regelmäßig nicht zuerkannt; sie bedürfen ihrer auch nicht, um ihre Tätigkeit erfolgreich durchführen zu können.

Trotz dieser Besonderheit werden die Stiftungen des öffentlichen Rechts von der herrschenden Lehre als Teil der öffentlichen Verwaltung angesehen und auch den entsprechenden verfassungsrechtlichen Restriktionen unterworfen; so soll für sie das Prinzip der Gesetzmäßigkeit der Verwaltung nach Art. 20 Abs. 3 GG gelten; sie werden auch als grundrechtsgebunden angesehen (Art. 1 Abs. 3 GG)[75]. Nicht nur die Stiftung des öffentlichen Rechts selbst unterliegt nach dieser Auffassung der Verfassungsbindung, sondern auch ihr Träger oder das Muttergemeinwesen bei der Errichtung der Stiftung. Insofern sind insbesondere die Beschränkungen zu beachten, die das Grundgesetz für die exekutivische Tätigkeit des Bundes aufstellt. Diese sind für die unmittelbare Bundesverwaltung außerordentlich eng gezogen, während das Grundgesetz für eine Verwaltung durch juristische Personen des öffentlichen Rechts in Art. 87 Abs. 3 GG größere Möglichkeiten und Spielräume bietet.

Als unabdingbare Voraussetzung für die Schaffung einer neuen juristischen Person des öffentlichen Rechts durch den Bund muss aber jedenfalls die Gesetzgebungsbefugnis des Bundes vorliegen (die nach der Regelung der Art. 83, 84 GG gewöhnlich noch nicht dazu berechtigt, dass der Bund auch die Verwaltung wahr-

73 Siehe dazu die Nachweise bei Fn. 14.
74 Siehe hierzu bei Fn. 24.
75 Siehe hierzu *von Campenhausen*, in: Seifart/von Campenhausen (Hrsg.), Stiftungsrechtshandbuch, 3. Aufl. 2009, § 15 Rdnr. 6.

nimmt; das Prinzip landeseigener Ausführung von Bundesgesetzen ist nach dem Grundgesetz die Regel)[76]. Die von der Vorschrift des Art. 87 Abs. 3 GG genannten Angelegenheiten, für die dem Bund die Gesetzgebung zusteht, sind alle Materien, die der Bund aufgrund der Art. 70 ff. GG, aufgrund sonstiger geschriebener Kompetenzen im Grundgesetz (etwa Art. 21 Abs. 3; 38 Abs. 3; 105 GG) oder auf der Basis ungeschriebener Zuständigkeiten wahrnehmen kann. Soweit eine Abweichungsmöglichkeit der Länder nach Art. 72 Abs. 3 GG (Föderalismusreform des Jahres 2006!) existiert, ist allerdings eine Bundesverwaltungskompetenz zu verneinen, da möglicherweise die Bundesgesetzgebung nicht von Dauer ist (Derogation durch abweichende Landesgesetzgebung)[77]. Dass die Gesetzgebungskompetenz auch ausgenutzt ist, wird von Art. 87 Abs. 3 Satz 1 GG nicht gefordert[78]. Für die Errichtung einer neuen bundesunmittelbaren Stiftung des öffentlichen Rechts ist Gesetzesform nötig; vgl. Art. 87 Abs. 3 Satz 1 GG. Es müssen aber keine „neuen Aufgaben erwachsen“, wie dies Art. 87 Abs. 3 Satz 2 GG vorschreibt; Art. 87 Abs. 3 Satz 1 GG verlangt auch keine besondere Legitimation für die Errichtung solcher bundesunmittelbaren Körperschaften und Anstalten. Freilich muss der Primat der Landesausführung von Bundesgesetzen als verfassungsrechtliches Prinzip beachtet werden; das heißt, die Errichtung von juristischen Personen des öffentlichen Rechts durch den Bund muss die Ausnahme bleiben; etwas anderes würde Art. 30, 83 GG widersprechen.

c) Sonderprobleme einer Stiftung des öffentlichen Rechts „Auslandsrundfunk“

aa) Grundlagen

Die oben angesprochene Umwandlung beispielsweise der Deutschen Welle als bisheriger Anstalt des öffentlichen Rechts in eine Stiftung des öffentlichen Rechts beträfe einen Vorgang, der sich auf den Bundesbereich beschränken würde. Soweit aber daran gedacht werden sollte, die Deutsche Welle in einer Stiftung öffentlichen Rechts mit dem ZDF, den Landesrundfunkanstalten und möglicherweise auch privaten Unternehmen zusammenzuführen, ist das Problem der Transzendierung der grundsätzlich geschiedenen Kompetenzsphären von Bund und Ländern aufgeworfen. Die Deutsche Welle ist eine Anstalt des öffentlichen Rechts des Bundes, ZDF und die in der ARD zusammengeschlossenen Landesrundfunkanstalten gehören

76 Jedenfalls ist aber die Gesetzgebungsbefugnis des Bundes äußerste Schranke seiner Verwaltungstätigkeit. Vgl. dazu BVerfGE 12, 205 LS. 5, S. 250.

77 Siehe dazu *Hermes*, in: Dreier (Hrsg.), Grundgesetz-Kommentar, Bd. III, 2. Aufl. 2008, Art. 87 Rdnr. 81.

78 Siehe hierzu *Sachs*, in: ders. (Hrsg.), Grundgesetz-Kommentar, 3. Aufl. 2003, Art. 87 Rdnr. 62; *Hermes*, ebd., Art. 87 Rdnr. 82.

dem Landesbereich an. Als Bund-Länder-Stiftung würde die genannte neue Stiftung des öffentlichen Rechts „Auslandsrundfunk“ der Stiftung „Preußischer Kulturbesitz“ ähneln, die ebenfalls auf einer Zusammenarbeit von Bund und Ländern gründet, wobei letztere aber eine ausdrückliche Legitimationsbasis in Art. 135 Abs. 4 GG besaß[79]. Das Bundesverfassungsgericht hat im ersten Rundfunkurteil eine Analogie zur Stiftung „Preußischer Kulturbesitz“ für die Begründung einer Befugnis des Bundes zur nationalen Repräsentation und Traditionspflege ausdrücklich abgelehnt[80]. Dies betraf allerdings die Veranstaltung von Rundfunk im staatlichen Innenbereich durch den Bund selbst, nicht aber einen organisatorischen Zusammenschluss von bundes- und landesunmittelbaren juristischen Personen des öffentlichen Rechts in einer neuen Stiftung des öffentlichen Rechts.

Es wurde bereits erwähnt, dass mindestens drei Bund-Länder-Stiftungen bereits existieren, nämlich die „Volkswagen-Stiftung“, die Stiftung „Deutsches Elektronen-Synchrotron“ und die Stiftung „CAESAR“[81]. Dabei soll es sich zwar um Stiftungen des bürgerlichen Rechts handeln[82], die privatrechtliche Rechtsform ändert aber nichts an der Geltung der Kompetenzverteilungsregeln des Grundgesetzes, wie das Bundesverfassungsgericht schon im ersten Rundfunkurteil festgestellt hat[83]. Sind aber die drei genannten Stiftungen in rechtmäßiger Weise errichtet worden (z.T. sind sie schon fast 50 Jahre alt; so etwa die Stiftung Deutsches Elektronen-Synchrotron, die durch einen Staatsvertrag zwischen dem Bund und dem Land Hamburg gegründet wurde) so besteht aus Kompetenzgründen kein Hinderungsgrund, eine neue Stiftung auch des öffentlichen Rechts durch den Bund und die Länder zu etablieren, die Bundes- und Landesrundfunkanstalten in noch näher zu bestimmender Weise, daneben auch private Unternehmen, zusammenführt.

bb) Verbot der „Mischverwaltung“?

In diesem Zusammenhang wird häufig ein angebliches oder tatsächliches Verbot einer „Mischverwaltung“[84] in die Debatte geworfen. Ein solcher Hinweis besitzt zumindest einen richtigen Kern. Sicherlich ist die Kompetenzordnung des Grund-

79 Vgl. dazu BVerfGE 10, 20 (44).
80 BVerfGE 12, 205 (253).
81 Siehe hierzu *Gölz*, Der Staat als Stifter. Stiftungen als Organisation mittelbarer Bundesverwaltung und gesellschaftlicher Selbstverwaltung, Diss. Bonn 1999, S. 56.
82 Für die Stiftung „Deutsches Elektronen-Synchrotron“ wird das aber von *Kilian*, Flucht des Staates in die Stiftung?, in: Mecking/Schulte (Hrsg.), Grenzen der Instrumentalisierung von Stiftungen, 2003, S. 87 (89) zu Gunsten einer Stiftung des öffentlichen Rechts in Zweifel gezogen.
83 BVerfGE 12, 205 (246, 253); vgl. dazu auch die Nachweise in Fn. 20.
84 Siehe dazu *Loeser*, Theorie und Praxis der Mischverwaltung, 1976; *Ronellenfitsch*, Die Mischverwaltung im Bundesstaat.

gesetzes auch im Bereich der Verwaltungskompetenzen (Art. 83 ff. GG) strikt und nicht disponibel; dem Bund ist verwehrt, den Aufgabenbereich der Länder, wozu auch die Ausführung der Bundesgesetze gehört, in bestimmender Weise zu beeinflussen, soweit ihm das Grundgesetz hierfür keine besonderen Kompetenzen[85] zugestanden hat. Die Länder sollen von einem Eindringen des Bundes in den ihnen übertragenen Aufgaben- und Kompetenzbereich geschützt werden. Gleichwohl kann von einem strikten „Verbot" einer Mischverwaltung keine Rede sein.

Das Bundesverfassungsgericht hat mehrfach, insbesondere auch in jüngster Zeit zur Frage der Zulässigkeit kooperativer Verwaltungsstrukturen im Verhältnis von Bund und Ländern Stellung genommen[86]. Die vergleichsweise restriktive Entscheidung zur Unzulässigkeit der Arbeitsgemeinschaften gemäß § 44b SGB II betont zwar, dass die Verwaltungen des Bundes und der Länder funktionell voneinander getrennt sind und dass auch eine echte Mischverwaltung ausgeschlossen ist, dass aber – wenngleich begrenzt – Ausnahmen denkbar sind. Dies leitet das Gericht aus der Erkenntnis ab, dass die Regelungen der Art. 83 ff. GG zwar von einer Unterscheidung zwischen Bundes- und Landesverwaltung ausgehen, aber keine starre Scheidung der Verwaltungsbereiche vorsehen. Schon von Verfassungs wegen ist ein Zusammenwirken von Bund und Ländern in der Verwaltung in vielfältiger Form vorgesehen, Aufsichtsbefugnisse des Bundes im Zusammenhang mit der landeseigenen Ausführung von Bundesgesetzen sowie die Auftragsverwaltung (Art. 84, 85 ff. GG) sind anzuführen. Die Kooperationsmöglichkeiten sind aber damit noch nicht erschöpft, wie das Bundesverfassungsgericht in der genannten Entscheidung zu den Arbeitsgemeinschaften nach § 44b SGB II anerkennt. Auch wenn die Grundsätze der Normenklarheit und Widerspruchsfreiheit bei der Bestimmung von Verwaltungszuständigkeiten zu beachten sind, nicht zuletzt, um die Länder vor einem Eindringen des Bundes in dem ihnen vorbehaltenen Verwaltungsbereich zu schützen und eine Aushöhlung des Grundsatzes des Art. 30 GG zu verhindern, ist es nicht völlig ausgeschlossen, für eng umgrenzte Fälle und aus sachlichen Gründen eine Art. 83 ff. GG transzendierende Verwaltungsregelung zu schaffen. Das Zusammenwirken von Bund und Ländern im Bereich der Verwaltung bedarf auch nicht in jedem Fall einer besonderen verfassungsrechtlichen Ermächtigung; Voraussetzung sind aber ein besonderer sachlicher Grund und eine eng

85 Siehe hierzu BVerfGE 32, 145 (156); 41, 291 (311); 63, 1 (39); 119, 331 (364 f.); *Stettner*, Grundfragen einer Kompetenzlehre, 1983, S. 294f.

86 Siehe hierzu insbesondere BVerfGE 63, 1 (36 ff. m.w.N.); schon früher 11, 105 (124); 32, 145 (156); 39, 96 (120); 41, 291 (311); siehe jetzt wieder BVerfGE 119, 331 (364 ff.) zu den Arbeitsgemeinschaften nach § 44b SGB II; vgl. zum Ganzen auch *B. Küchenhoff*, Die verfassungsrechtlichen Grenzen der Mischverwaltung, 2010, S. 120 ff.

umgrenzte Verwaltungsmaterie[87]. Dies dürfte beides für die Stiftung des öffentlichen Rechts „Auslandsrundfunk" ohne weiteres zu bejahen sein.

cc) Zusammenwirken von Bund und Ländern im Kulturbereich

In der Staatspraxis wirken nicht zuletzt im Kulturbereich innerhalb der dort in den letzten Jahren und Jahrzehnten neu geschaffenen Stiftungen des privaten und öffentlichen Rechts auf Landes- und Bundesebene Bund und Länder weithin zusammen. So sind die Länder beispielsweise auch an der Kulturstiftung des Bundes beteiligt; eine Einrichtung, wie das Deutsche Historische Museum Berlin, eine Stiftung des öffentlichen Rechts, wird in seinem Kuratorium auch durch die Länder beschickt. Oben wurden bereits Staatsverträge zwischen Bund und Ländern angeführt, die ein administratives Zusammenwirken beider Rechtssubjekte im Auge haben (Staatsvertrag über die Verteilung von Versorgungslasten, IT-Staatsvertrag). Auch die eingangs genannten drei Bund-Länder-Stiftungen zeugen von intensivem Zusammenwirken von Bund und Ländern und haben eine staatsvertragliche Grundlage.

Im Fall der angedachten Stiftung des öffentlichen Rechts „Auslandsrundfunk" ist von einem Eindringen des Bundes in Landeskompetenzen keine Rede; die Stiftung übernimmt Koordinationsaufgaben, belässt aber den beteiligten juristischen Personen des öffentlichen Rechts (Bundes- und Landesrundfunkanstalten) ihre selbstbestimmte Existenz[88]. Ein spezielles Verbot des Zusammenwirkens von Bund und Ländern in einer Stiftung der angedachten Art kann auch nicht aus einer angeblichen strikten Trennung von Außen- und Innenbereich der Bundesrepublik

87 Siehe hierzu BVerfGE 119, 331 (364 f., bes. auch S. 370). *Küchenhoff*, ebd., S. 161 ff. möchte zwar am Grundsatz eigenverantwortlicher Kompetenzwahrnehmung von Bund und Ländern festhalten, Ausnahmen aber in Richtung einer Mischverwaltung zulassen, wenn sie dem Prinzip der Verhältnismäßigkeit entsprechen, also einen legitimen Zweck verfolgen, geeignet und erforderlich sind und der verfolgte Zweck im Verhältnis zu den betroffenen verfassungsrechtlichen Schutzgütern angemessen ist. Damit würde allerdings eine stark relativierende Betrachtungsweise in die grundgesetzliche Kompetenzabgrenzung eingeführt; auch ist in der bundesverfassungsgerichtlichen Rechtsprechung der Grundsatz der Verhältnismäßigkeit weitgehend auf den Bereich der Eingriffe in Freiheit und Eigentum beschränkt worden; siehe dazu BVerfGE 81, 310 (338). Auch zu Zeiten der Geltung einer unbegrenzten Erforderlichkeitsprüfung nach Art. 72 Abs. 2 GG (1994 bis 2006) hat das Bundesverfassungsgericht zwar eine Geeignetheits- und Erforderlichkeitsüberprüfung für Bundesgesetze, die dem konkurrierenden Gesetzgebungstypus angehörten, im Hinblick auf die subsidiäre Landeskompetenzen durchgeführt, aber die dritte Stufe der Verhältnismäßigkeitsprüfung, die Anwendung des Proportionalitätsgrundsatzes (Verhältnismäßigkeit im engeren Sinn) nicht in Betracht gezogen. Vgl. dazu auch *Stettner*, in: Dreier (Hrsg.), Grundgesetz. Kommentar Bd. II, Supplementum 2007, Art. 70 Rdnr. 44.

88 Vgl. dazu auch *Lerche*, in: Maunz/Dürig, Art. 87 (1992) Rdnr. 199, der kompetentielle Besonderheiten im Zusammenhang mit der auswärtigen Kulturpflege anspricht, wo sich Bundes- und Landeskompetenzen kreuzen.

Deutschland entnommen werden; die Kompetenz nach Art. 73 Abs. 1 Nr. 1 GG ist zwar eine ausschließliche Gesetzgebungskompetenz des Bundes, für die hinsichtlich des Auswärtigen Dienstes vom Grundgesetz auch bundeseigene Verwaltung vorgeschrieben ist (Art. 87 Abs. 1 GG), kompetentiell hat dieser Bereich aber keine Sonderstellung gegenüber der sonstigen Kompetenzordnung des Grundgesetzes. In der vom Bundesverfassungsgericht angemahnten begrenzten Weise können auch hier Formen engeren Kooperierens von Bund und Land entwickelt werden. Dies ist gerade auch angesichts des Vorgangs der Globalisierung angezeigt, der die Bundesrepublik Deutschland nicht verschont hat. Um angesichts dieser Entwicklung und des globalen Wettbewerbs bestehen zu können, muss gegebenenfalls eine bisher bestehende striktere Sicht einem stärker kooperativ geprägten Denken weichen[89].

dd) Kompetentielle Grundlage der Stiftung des öffentlichen Rechts „Auslandsrundfunk"

Soweit man richtigerweise eine Stiftung des öffentlichen Rechts „Auslandsrundfunk" als der verfassungsrechtlichen Kompetenzordnung nicht widersprechend ansieht, ist gleichwohl nach der Kompetenz des Bundes zur Gründung einer solchen Stiftung zu fragen (die Landeskompetenz für eine Beteiligung der Landesrundfunkanstalten an einer solchen Stiftung ergibt sich ohne weiteres aus Art. 30 GG). Es ist bereits oben erwähnt worden, dass nach einer in der Literatur vertretenen Meinung die Kompetenz des Bundes, die staatsdistanzierte öffentlich-rechtliche Anstalt des Bundes „Deutsche Welle" zu gründen, auf Art. 87 Abs. 3 GG basiert. Danach können für Angelegenheiten, für die dem Bunde die Gesetzgebung zusteht, selbstständige Bundesoberbehörden und neue bundesunmittelbare Körperschaften und Anstalten des öffentlichen Rechts durch Bundesgesetz errichtet werden. Der genannten Auffassung kann allerdings nur im Ergebnis, nicht in der Begründung zugestimmt werden.

Die Gesetzgebungsbefugnis des Bundes für den Auslandsrundfunk ist aus Art. 73 Abs. 1 Nr. 1 GG abzuleiten, unter den Begriff der „neuen bundesunmittelbaren Körperschaften und Anstalten" ist auch die Stiftung des öffentlichen Rechts

89 Siehe hierzu auch *F. Kirchhof*, in: Maunz/Dürig, GG, Art. 83 (2009) Rdnr. 88, der darauf hinweist, dass Bund und Länder grundsätzlich ein Ganzes bilden sollen und es gestattet sein muss, konsensual gemeinsame Ziele anzustreben, wenn dies nicht mit der Errichtung neuer verfassungsrechtlich nicht vorgesehener Hierarchien verbunden wird. Für die Möglichkeit einer staatsübergreifenden Zusammenarbeit von Bund und Ländern auch *Schröder*, Die staatlich errichtete Stiftung des öffentlichen Rechts – ein aussterbendes Rechtsphänomen?, in: Mecking/Schulte (Hrsg.), Grenzen der Instrumentalisierung von Stiftungen, 2003, S. 117 (134); zurückhaltender dagegen *Schulte*, Staat und Stiftung, 1989, S. 61 ff.

zu subsumieren (vgl. oben unter B. III.). Die Anforderung, dem Bunde müsse die Gesetzgebungskompetenz zustehen, ist erfüllt; er hat sie auch durch das Gesetz über die Deutsche Welle ausgenutzt[90]. Für die Deutsche Welle gilt allerdings ebenso wie für die Landesrundfunkanstalten (trotz der Finanzierung der Ersteren aus dem Bundeshaushalt, während das Verfahren der Festsetzung der Rundfunkgebühr staatsfern abläuft), dass es sich um eine staatsdistanzierte, den Landesrundfunkanstalten in diesem Punkt durchaus gleichgeordnete Rundfunkanstalt handelt, die das Grundrecht der Rundfunkfreiheit für sich in Anspruch nehmen kann und keinesfalls als regierungsamtlicher Verlautbarungsrundfunk eingestuft werden darf (vgl. dazu A. I. 2. mit weiteren Nachweisen). Die öffentlich-rechtlichen Rundfunkanstalten des Bundes können deshalb ebenso wie die der Länder nicht zur mittelbaren Verwaltung gerechnet werden, wie dies für andere juristische Personen des öffentlichen Rechts (auch für Anstalten) gelten mag.

Art. 87 Abs. 3 Satz 1 GG unterscheidet ebenso wenig wie Art. 86 GG juristische Personen des öffentlichen Rechts als Träger aus der staatlichen Sphäre herrührender, wenngleich in Selbstverwaltung zu erfüllender Aufgaben von solchen juristischen Personen des öffentlichen Rechts, die staatsdistanziert, in stärkerer Gesellschafts- als Staatsnähe ihre Aufgaben erfüllen, wie dies vor allem für die Rundfunkanstalten gilt (die Bundesbank, wiewohl auch Anstalt des öffentlichen Rechts, ist durch das Bundesbankgesetz sogar vollkommen aufsichtslos gestellt). Der Gedanke, dass auch der letztere Typus durch Art. 87 Abs. 3 Satz 1 GG erfasst wird, liegt nicht fern[91]. Art. 87 Abs. 3 GG ist aber ebenso wie Art. 86 GG im Abschnitt über die Ausführung der Bundesgesetze und die Bundesverwaltung positioniert und erfasst schon durch diese Einordnung, aber auch durch seinen Wortlaut („... selbstständige Bundesbehörden und neue Körperschaften und Anstalten des öffentlichen Rechts ...“) nur die Formen echter mittelbarer Verwaltung. Richtigerweise ist Rundfunktätigkeit, auch die des Auslandrundfunks, überhaupt nicht als Verwaltung zu qualifizieren, auch nicht als solche in mittelbarer Form[92]. Auch wenn die „Deutsche Welle“ derjenige Teil der öffentlichen Organisation ist, der für die Realisierung des Deutsche-Welle-Gesetzes verantwortlich ist, kann ihr Agieren nicht als „Verwaltungsvollzug“ verstanden werden. Rundfunktätigkeit der öffentlich-rechtlichen Anstalten steht im Dienst der öffentlichen Meinungsbildung, und öffentlich-rechtlicher Rundfunk ist sowohl Medium als Mediator im öffentlichen Meinungsbildungsprozess. Es ist deshalb ausgeschlossen, die Kompetenz des Bundes zur Schaffung einer neuen Stiftung des öffentlichen Rechts „Auslandsrundfunk“ aus Art. 87 Abs. 3 Satz 1 GG abzuleiten, was seinen Anteil an dieser

90 Vom 6.12.1997, BGBl. I S. 3094.

91 Vgl. dazu *Dörr* (Fn. 1), der tatsächlich diesen Schluss zieht.

92 So zu Recht *Lerche* (Fn. 30), der eine Anwendung von Art. 87 Abs. 3 Satz 1 GG auf den Auslandsrundfunk ablehnt.

Stiftung betrifft. Wie schon Lerche andeutet, wird man hier vielmehr auf die Rechtsfigur ungeschriebener Kompetenzen zurückgreifen müssen. Dabei könnte angesichts der Kompetenzbestimmung des Art. 73 Abs. 1 Nr. 1 GG, die dem Bund die ausschließliche Gesetzgebungsbefugnis für die auswärtigen Angelegenheiten und damit auch für den Auslandsrundfunk einräumt, daran gedacht werden, die Vollzugskompetenz zur Schaffung einer Stiftung des öffentlichen Rechts „Auslandsrundfunk" als „Annexkompetenz" zu deuten, die der Vertiefung und Effektivierung der Gesetzgebungsbefugnis dient[93]. Dem steht der Einwand entgegen, dass gewöhnlich aus einer Gesetzgebungskompetenz kraft Annexes eine Erweiterung der normativen Befugnisse abgeleitet wird, aber niemals aus einer Gesetzgebungskompetenz Vollzugskompetenzen folgen können. Es ist daher eher an eine ungeschriebene Kompetenz kraft Natur der Sache zu denken, die der Gesetzgebungsbefugnis des Bundes für die auswärtigen Angelegenheiten auch eine entsprechende Realisationskompetenz hinzufügt. Jedenfalls ist für die Schaffung einer einschlägigen Stiftung des öffentlichen Rechts „Auslandsrundfunk" kompetentiell nichts anderes gültig als für die Schaffung der öffentlich-rechtlichen Rundfunkanstalt des Bundes „Deutsche Welle", für die trotz restriktiver Aussagen des Bundesverfassungsgerichts im ersten Rundfunkurteil[94] seit jeher eine bundesrechtliche Kompetenz angenommen wurde.

Da sich also eine kompetentielle Grundlage für eine Stiftung des öffentlichen Rechts „Auslandsrundfunk" aus der Verfassung ableiten lässt, ist die Ausgestaltung dieser Stiftung wie für alle Stiftungen öffentlichen Rechts weitgehend frei; es ist deshalb durchaus möglich, neben den öffentlich-rechtlichen Rundfunkanstalten auch private Medienunternehmen in diese Stiftung aufzunehmen, wobei das Stiftungsgesetz bzw. der zu schließende Bund-Länder-Staatsvertrag deren Stellung näher bestimmen muss.

Der Bund ist also berechtigt, durch Staatsvertrag mit den Ländern eine Stiftung des öffentlichen Rechts zu gründen, in der Deutsche Welle und Rundfunkanstalten der Länder, einschließlich des ZDF, unter potentieller Einbeziehung privater Rundfunkunternehmen kooperieren und ihre programmlichen Ressourcen wechselseitig aufeinander abstimmen und austauschen.

4. Andere Kooperationsformen außerhalb der Stiftung des öffentlichen Rechts

Im Zentrum der obigen Ausführungen über die Möglichkeit von Bund und Ländern, miteinander auf den Gebieten von Auslands- und Inlandsrundfunk zu kooperieren,

93 Siehe hierzu *Stettner*, in: Dreier (Hrsg.), Grundgesetz-Kommentar, Bd. II, 2008, Art. 70 Rdnr. 54 ff.
94 BVerfGE 12, 205 (241 f.).

stand immer die Stiftung des öffentlichen Rechts. Es ist aber natürlich nicht zu übersehen, dass sich auch andere rechtliche Möglichkeiten einer entsprechenden Zusammenarbeit anbieten würden, deren Nützlichkeit und Verwendbarkeit noch näher zu prüfen wäre. Die Stiftung privaten Rechts dürfte gegenüber der Stiftung öffentlichen Rechts keine Vorzüge aufweisen, insbesondere nicht vergrößerte Flexibilität im Hinblick auf rechtliche Bindungen (die bei einer solchen Gründung einer neuen öffentlich-rechtlichen Organisation auch gar nicht im Zentrum der Überlegungen stehen sollten). Für die Stiftung privaten Rechts gelten, wie erwähnt, dieselben kompetenzrechtlichen Restriktionen wie für ihr öffentlich-rechtliches Gegenstück. Es ist auch nachgewiesen worden, dass solche Lockerungen von Entstehungsbedingungen, Dienstrecht, Haushaltsrecht u.a. in der Realität nicht stattfinden[95].

Gemeinnützige Kapitalgesellschaften, wie sie bei entsprechender Ausgestaltung auch die Gesellschaft mit beschränkter Haftung oder die Aktiengesellschaft darstellen könnten, verfehlen aber die Zielrichtung der geplanten Kooperationseinrichtung, weil sie gewinnorientiert arbeiten, auch wenn der Gewinn zu gemeinnützigen Zwecken bestimmt und ausgeschüttet wird. Verbandsmäßig ausgestaltete Kooperationsformen, wie etwa der zivilrechtliche Verein, dürften dem angedachten Kooperationsziel gleichfalls nicht entsprechen; es geht weniger darum, Deutscher Welle und Landesrundfunkanstalten als juristischen Personen ein neues mitgliedschaftlich bestimmtes Aktionspodium zu verschaffen als die Verfügbarkeit der wechselseitigen Programmvorräte zu sichern, wobei es nicht auf Mitgliedschaft, sondern auf Zugriffsmöglichkeiten ankommt. Eine Verbandsorganisation wäre deshalb weniger empfehlenswert, weil auch die Beteiligung privatrechtlicher Medienunternehmen in Betracht gezogen wird und bei einer mitgliedschaftlichen Struktur die Subjekte mit Mitgliedschaftsrechten disparat sein würden, auf der einen Seite die öffentlich-rechtlichen Rundfunkanstalten des In- und Auslandsfunks, auf der anderen Seite die privaten Medienunternehmen. Vielmehr ist die Einflussmöglichkeit der jeweils in die Stiftung aufzunehmenden Rechtssubjekte durch eine entsprechende Besetzung der Stiftungsorgane zu sichern; Mitgliedschaftsrechte sind dagegen kontraproduktiv und sollten vermieden werden.

95 Siehe hierzu ausführlich *Schröder*, Die staatlich errichtete Stiftung des öffentlichen Rechts – ein aussterbendes Rechtsphänomen?, in: Mecking/Schulte (Hrsg.), Grenzen der Instrumentalisierung von Stiftungen, 2003, S. 117 (120 ff.).

Zusammenfassung des Gutachtens in Thesen

1. Die bisherige weitgehende Trennung von Auslands- und Inlandsrundfunk der Bundesrepublik Deutschland bedarf angesichts der weltumspannenden Globalisierungsvorgänge einer Abmilderung. Dabei soll nicht die vorgegebene verfassungsrechtliche Kompetenzlage (Auslandsrundfunk als Teil der Auswärtigen Gewalt und damit Bundeskompetenz, Inlandsrundfunk als Teil der Kulturhoheit der Länder) geändert werden. Es ist aber an eine Verklammerung beider Sphären zu denken, die verfassungsrechtlich unbedenklich ist und Deutsche Welle, Rundfunkanstalten des Inlands unter Einschluss des ZDF und möglicherweise auch private Medienunternehmen rechtlich verbindet. Dadurch könnten die Programmbestände von Deutscher Welle und Landesrundfunkanstalten, ggf. auch solche aus privater Quelle, wechselseitig genutzt werden. Als Instrument einer solchen formalen Kooperation bietet sich eine Stiftung des öffentlichen Rechts an, in der die Beteiligten in noch näher zu bestimmender Weise zusammenzuführen wären (Stiftung des öffentlichen Rechts „Auslandsrundfunk“).
2. Für die Deutsche Welle, die aus dem Bundeshaushalt finanziert wird, spricht nach ihrer Haushaltssituation die Interessenlage klar für die Einrichtung einer entsprechenden Stiftung. Für die Länder ist sie deshalb ein erstrebenswertes Projekt, weil sie seit Jahren das deutliche Ziel einer Auslandspräsenz verfolgen, die vor allem wirtschaftliche, daneben auch kulturelle Hintergründe hat. Das Grundgesetz gestattet diese Aktivitäten nicht nur (Art. 32 Abs. 3 GG), es bewertet sie für den Bereich der Europäischen Union durch Art. 23 GG (vgl. dessen Genese!) ausgesprochen positiv. Darüber hinaus ist aus Art. 32 Abs. 3 GG zu schließen, dass die Länder auch unterhalb der Ebene völkerrechtlicher Verträge im Ausland präsent sein können, um die Vorarbeit für potentielle Vertragsschlüsse leisten zu können. Im Augenblick ist der Freistaat Bayern mit mehr als 20 Auslandsrepräsentanzen auf diesem Gebiet führend; die anderen Länder ziehen nach. Die Auslandspräsenz der Länder bedarf aber der medialen Unterstützung durch den deutschen Auslandsrundfunk, der die Auslandsinteressen der Länder aufgreifen und in alle Welt vermitteln soll.
3. Der Gutachtensauftrag fragt generell nach Wesen und Erscheinungsformen der Stiftung, insbesondere der des öffentlichen Rechts und nach ihrer Einsetzbarkeit im genannten Zusammenhang. Fernziel ist eine stärkere mediale Repräsentanz der Länder der Bundesrepublik Deutschland im Ausland, Nahziel eine wechselseitige Verfügbarkeit der jeweiligen Programmvorräte von Deutscher

Welle und Landesrundfunkanstalten. Zum Gutachtensauftrag gehört auch die Beurteilung aller verwaltungs- und verfassungsrechtlichen Fragen, insbesondere solcher, die durch die kompetentielle Aufgabenteilung zwischen Bund und Ländern aufgeworfen werden.

4. Die Stiftung hat als Rechtsinstitut eine sehr wechselhafte Geschichte. Nach ihrer Loslösung aus dem kirchlichen Raum war noch eine erhebliche Zeitspanne vonnöten, bis sich die Stiftung des öffentlichen Rechts von der Stiftung privaten Rechts emanzipiert hat. Die Schwierigkeit in der Zuordnung älterer Stiftungen zum einen oder anderen Rechtsregime besteht noch heute.
5. Auf gesamtstaatlicher Ebene erlebt heute die Stiftung öffentlichen Rechts unerwartete Konjunktur. Diese Rechtsform wird besonders für herausgehobene Projekte kultureller, sozialer oder politischer Natur genutzt. Prototypen sind die Stiftung „Preußischer Kulturbesitz" von 1957, die Conterganstiftung von 1971, die Stiftung „Mutter und Kind – Schutz des ungeborenen Lebens" von 1984/1993, die Stiftung „Haus der Geschichte der Bundesrepublik Deutschland" von 1990, die Stiftung „Erinnerung, Verantwortung und Zukunft" von 2000, die Stiftung „Jüdisches Museum Berlin" von 2001, die Stiftung „Denkmal für die ermordeten Juden Europas" von 2003, die Stiftung „Deutsches Historisches Museum Berlin" (Stiftung des öffentlichen Rechts seit 2009) sowie die in Trägerschaft der letztgenannten Stiftung geschaffene, unselbstständige Stiftung des öffentlichen Rechts „Vertreibung, Flucht und Versöhnung" von 2009. Einen besonderen Typus öffentlich-rechtlicher Stiftung des Bundes stellen die Einrichtungen dar, die der Erinnerung an herausragende Staatsmänner der deutschen Geschichte gewidmet sind. Inzwischen nutzen auch die Länder die Rechtsform der Stiftung des öffentlichen Rechts in zunehmendem Maße.
6. Motiv für die Gründung von staatlichen Stiftungen des öffentlichen Rechts ist besonders das Ziel der Kontinuität in einer wechselhaften Geschichte. Darüber hinaus besteht häufig die Hoffnung, Mäzene anzuziehen und dadurch öffentliche Haushalte zu entlasten. Mitunter wirkt auch das Vorbild englischer und amerikanischer Universitäten mit ihrer stiftungsmäßigen Grundlage. Auch findet sich das Ziel, auf dem Weg über die Stiftungsverfassung Haushaltszwänge abschütteln zu wollen.
7. Bei den neueren Stiftungsgründungen wird häufig der ursprüngliche Stiftungsgedanke vernachlässigt, wonach ein zu stiftender Kapitalstock einem bestimmten Zweck gewidmet wird, hierzu Erträge generieren soll und dazu eine äußere organisatorische Form benötigt. Demgegenüber werfen neuere Stiftungen häufig kaum oder gar keine Erträge ab, sondern sind auf staatliche Bezuschussung oder sonstige Einnahmen angewiesen. Damit werden solche Stif-

tungen ganz oder zum Teil von der staatlichen Haushalts- und Finanzpolitik abhängig und unterliegen Unsicherheiten bis hin zur Frage ihrer Fortexistenz.

8. Gerade für die soeben angesprochenen Stiftungen des neueren Typs ist bemerkenswert, wie stark sich der Bund mit ihnen in der Kulturpflege engagiert. Die kompetentiellen Grundlagen hierfür sind nicht ohne weiteres eindeutig. Soweit es sich um Auftritte des Bundes in Berlin handelt, ist seit der Föderalismusreform von 2006 in Art. 22 Abs. 1 Satz 2 GG eine Kompetenz des Bundes zur Repräsentation des Gesamtstaates in der Bundeshauptstadt vorhanden. Im Übrigen ist das Vorgehen des Bundes nur dann verfassungsgemäß, wenn ungeschriebene Kompetenzen (etwa „kraft Natur der Sache", „kraft Sachzusammenhangs" oder „kraft Annexes") ein solches Vorgehen tragen.
9. Neben Stiftungen des öffentlichen Rechts ruft der Staat auch zahlreiche Stiftungen privatrechtlicher Natur ins Leben. Hierzu dienen teilweise auch Privatisierungserlöse, mit denen ein entsprechendes Stiftungsvermögen gebildet wird. Die Wahl der privatrechtlichen Rechtsform kann aber nicht dazu dienen, Kompetenzbestimmungen des Grundgesetzes zu umgehen. Die „Flucht ins Privatrecht" befreit den Staat auch dann nicht von den verfassungsrechtlichen Kautelen, wenn er die Stiftungsform wählt.
10. Für die Unterscheidung der Stiftung des öffentlichen Rechts von einer privatrechtlichen Stiftung ist der Entstehungsakt (Gesetz oder Verwaltungsakt, Rechtsverordnung oder Staatsvertrag) entscheidend. Soweit (insbesondere bei älteren Stiftungen) dieses Merkmal versagt, ist darauf abzustellen, ob die Stiftung mit öffentlich-rechtlichen Strukturmerkmalen ausgestattet und in den Bereichen der öffentlichen Organisation einbezogen worden ist.
11. Das gelegentlich genannte Kriterium der hoheitlichen Befugnisse kann zur Qualifizierung einer Stiftung als öffentlich-rechtlich nicht ausschlaggebend sein, weil Stiftungen auch des öffentlichen Rechts solche Befugnisse meist nicht benötigen, da sie in der Regel keine eingreifenden Akte setzen.
12. Die staatliche Aufsicht kann nicht über die Einordnung als öffentlich-rechtliche oder privatrechtliche Stiftung entscheiden, weil sie für beide Arten von Stiftungen besteht. Soweit sie allerdings auf eine beschränkte Rechtsaufsicht reduziert ist, spricht der Anschein für eine staatsdistanzierte (freiheitsichernde) Stiftung des öffentlichen Rechts, weil dieses Merkmal für die öffentlich-rechtlichen Rundfunkanstalten charakteristisch ist, die ein Prototyp der staatsdistanzierten freiheitsichernden juristischen Personen des öffentlichen Rechts sind.
13. Der Begriff der Stiftung ist rechtlich nicht allgemein definiert; nur für die rechtsfähige privatrechtliche Stiftung enthält das Bürgerliche Gesetzbuch eine klarstellende Festlegung. Dagegen existiert für die Stiftung öffentlichen Rechts kein allgemeines Bundesstiftungsgesetz; ihre Gestalt hängt weitgehend von

ihrem Errichtungsakt, gewöhnlich einem Gesetz, ab, das allerdings die verfassungsrechtlichen Grundsätze, darunter die Kompetenzbestimmungen der Verfassung, zu beachten hat.

14. Auch bei fehlender rechtlicher Festlegung sind für Stiftungen immer konstitutiv das gewidmete Vermögen, die Festlegung eines Stiftungszwecks durch den Stifter und eine Organisation, die für die Durchsetzung des Stiftungszwecks mit den Mitteln der Stiftung sorgt. Diese Merkmale gelten sowohl für die Stiftung privaten als auch öffentlichen Rechts.
15. Die Stiftung des öffentlichen Rechts wird zum Teil in Verfassungs- und Gesetzestexten, darunter auch dem Grundgesetz, nicht neben Körperschaften und Anstalten des öffentlichen Rechts aufgeführt (vgl. Art. 86, 87 Abs. 3 GG). Gleichwohl ist anerkannt, dass auch sie zum Kreis der juristischen Personen des öffentlichen Rechts gehört, auf die sich etwa die genannten Verfassungsbestimmungen beziehen. Da aber Art. 86; 87 Abs. 3 GG im Abschnitt über die Ausführung der Bundesgesetze und die Bundesverwaltung stehen, können sie nicht eine Stiftung des öffentlichen Rechts erfassen, die staatsdistanziert und gesellschaftsbezogen handelt und ausschließlich programmliche Aufgaben im Rundfunkbereich wahrnehmen soll.
16. Die Stiftung des öffentlichen Rechts unterscheidet sich dadurch von der Körperschaft, dass bei der Stiftung keine Mitgliedschaft von Personen besteht. Allerdings ist nicht ausgeschlossen, dass der Stiftungsakt zusätzlich verbandsnahe Strukturen implementiert.
17. Eine stärkere Affinität besteht zwischen Anstalt des öffentlichen Rechts und Stiftung des öffentlichen Rechts, weil sie beide keine Mitglieder besitzen und auch bei der Anstalt ein „Zweckvermögen“ im Mittelpunkt steht, das genutzt wird. Auch gilt sowohl für Anstalten als auch für Stiftungen des öffentlichen Rechts, dass sie auch in staatsdistanzierter, gesellschaftskonnexer Form errichtet werden können. Gleichwohl ist für die Stiftung nach wie vor charakteristisch, dass sie vor allem vermögensbezogen ist, während bei der Anstalt der Nutzungsakt seitens der Benutzer im Vordergrund steht. Die nahe Verwandtschaft macht es aber denkbar, eine Anstalt des öffentlichen Rechts in eine Stiftung zu überführen (vgl. die Umwandlung des ORF im Jahre 2000 in eine Stiftung des öffentlichen Rechts).
18. Auch wenn im Verwaltungsorganisationsrecht die Trias Körperschaft, Anstalt und Stiftung des öffentlichen Rechts regelmäßig in einem Atemzug genannt und gleichzeitig mit dem Attribut „mittelbare Staatsverwaltung“ versehen wird, sind Differenzierungen angebracht. Zwar wird man richtigerweise allen drei juristischen Personen des öffentlichen Rechts Selbstverwaltung zugestehen, wenn auch in jeweils spezifisch ausgeprägter Weise. Anstalten und Stiftungen des öffentlichen Rechts sind aber nur dann „mittelbare“ staatliche Ver-

waltung, wenn sie als Teil der staatlichen Organisation und trotz vorhandener Selbstverwaltung staatliche Aufgaben (im weiteren Sinn) erfüllen. Gerade im Anstaltsbereich ist aber seit eh und je die Erscheinungsform der „staatsdistanzierten", freiheitsichernden Anstalt bekannt, die nur lose der staatlichen Organisation zugeordnet und viel eher der gesellschaftlichen Selbstverwaltung als der mittelbaren Staatsverwaltung zuzurechnen ist. Gerade die öffentlich-rechtlichen Rundfunkanstalten gehören dieser Kategorie von juristischen Personen des öffentlichen Rechts an; eine „Stiftung des öffentlichen Rechts ‚Auslandsrundfunk'", die öffentlich-rechtliche Rundfunkanstalten und möglicherweise Private zusammenbindet, stellt insoweit keine Ausnahme dar. Für die angedachte Stiftung ist auch anzunehmen, dass sie im Hinblick auf ihre programmbezogenen Funktionen ebenfalls das Grundrecht der Rundfunkfreiheit genießt, wie dies für die öffentlich-rechtlichen Rundfunkanstalten anerkannt ist. Dies gilt auch für den Auslandsrundfunk, der ebenfalls Art. 5 Abs. 1 Satz 2 GG für sich in Anspruch nehmen kann und staatsdistanziert, nicht etwa als Verlautbarungsrundfunk der Bundesregierung, operiert.

19. Für die Rechtslage der bundesunmittelbaren Stiftung des öffentlichen Rechts können Analogien zu den Bestimmungen der Landesstiftungsgesetze gezogen werden, die auch teilweise Regelungen für Stiftungen des öffentlichen Rechts (Landesstiftungen) enthalten. Dies gilt insbesondere dann, wenn Regelungen der Landesstiftungsgesetze miteinander übereinstimmen.
20. Gerade im Bereich der bundesunmittelbaren Stiftungen des öffentlichen Rechts findet sich eine Reihe von Übergangs- und Zwischenformen, die sowohl Stiftungszweck als auch Stiftungsvermögen und Stiftungsorganisation betreffen.
21. Die zur Überwindung der bisherigen antithetischen Stellung von Auslands- und Inlandsrundfunk ins Auge gefasste Stiftung des öffentlichen Rechts „Auslandsrundfunk" könnte als Trägerschaftsstiftung konzipiert werden, die Bundesrundfunkanstalt, Landesrundfunkanstalten einschließlich des ZDF und möglicherweise auch Private erfasst. Sie wäre als Bund-Länder-Stiftung kein Novum, wobei bisherige Bund-Länder-Stiftungen allerdings privatrechtlicher Natur waren. Da aber die kompetenzrechtlichen Schranken auch für eine Fiskaltätigkeit des Bundes gelten, ist die äußere Rechtsform für die verfassungsrechtliche Beurteilung ohne Belang.
22. Als Errichtungsakt kommt ein Bund-Länder-Staatsvertrag in Betracht, der gleichzeitig die notwendige gesetzliche Grundlage darstellt, da er durch Gesetze ratifiziert werden muss. Als Stiftungsvermögen sind die jeweiligen eingebrachten Programmvorräte und -rechte anzusehen; die laufenden Kosten der Stiftung könnten als Zweitverwertungen bestritten werden. Die Stiftung ist keine Einkommensstiftung, die von staatlichen Zahlungen abhängig ist.

23. Die angedachte Stiftung des öffentlichen Rechts „,Auslandsrundfunk“ teilt mit den von ihr erfassten öffentlich-rechtlichen Rundfunkanstalten deren Staatsferne und gesellschaftliche Pluralität; sie ist Grundrechtsträgerin nach Art. 5 Abs. 1 Satz 2 GG. Im Staatsvertrag ist festzulegen, wer die Rechtsaufsicht führt; dies gilt auch für die Frage der Rechnungsprüfung und der jeweiligen parlamentarischen Kontrolle.
24. Die Stiftung des öffentlichen Rechts „,Auslandsrundfunk“ ist mit einer adäquaten Organisation auszustatten; im Kuratorium oder Stiftungsrat sind Vertreter der beteiligten Anstalten, der einbezogenen Medienunternehmer und auch in einem die Staatsferne nicht gefährdenden Umfang solche von Bund und Ländern einzubeziehen. Soweit die Stiftung selbstständig über programmliche Konzepte und Produktionen zu entscheiden hat, müsste auch für eine pluralistische Vertretung, ersatzweise für einen Sachverständigenrat gesorgt werden, der die pluralistischen Interessen fiduziarisch wahrnimmt.
25. Für die angedachte Stiftung des öffentlichen Rechts „Auslandsrundfunk“ bietet sich die Form der öffentlich-rechtlichen Stiftung an, weil diese flexibler ist. Privatrechtliche Stiftungen können nicht ohne weiteres wieder aufgelöst werden, auch wenn dies einem nachträglich geänderten Stifterwillen entsprechen sollte, es sei denn, in der Stiftungssatzung werden abweichende Möglichkeiten festgelegt. Bei einer Schaffung durch Bund-Länder-Staatsvertrag könnte die entstehende Stiftung des öffentlichen Rechts durch actus contrarius dagegen ohne weiteres umgestaltet oder wieder beseitigt werden. Durch Gründung der angedachten Stiftung entsteht auch kein neuer „ministerialfreier“ Raum. Die vorhandene Programmautonomie der Rundfunkanstalten wird nicht ausgeweitet; die entstehende Stiftung unterliegt der beschränkten Rechtsaufsicht über die beteiligten Rundfunkanstalten nur in dem Maße, wie diese schon zuvor existierte. Im Übrigen wäre auch für eine privatrechtliche Stiftung keine Lockerung der rechtlichen Bindungen bei der Handhabung des Dienst- und Besoldungsrechts, beim Haushaltsgebaren, bei der Einwerbung privater Zuschüsse und bei der sachlichen Aufgabenerfüllung anzunehmen.
26. Die Gesetzgebungskompetenz des Bundes für den Auslandsrundfunk ist durch Art. 73 Abs. 1 Nr. 1 GG (auswärtige Angelegenheiten) bestimmt. Die Rundfunkkompetenz der Länder ist unbenannt und ergibt sich als Teil ihrer Kulturkompetenz aus Art. 30, 70 GG. Letzteres betrifft sowohl die Gesetzgebung als auch die Ausführungskompetenz der Länder. Die Frage, welche Kompetenznorm die Errichtung der Deutschen Welle gestattet, ist demgegenüber problematisch. Art. 73 Abs. 1 Nr. 1 GG kann dafür nicht herangezogen werden, weil es sich um eine Normsetzungskompetenz handelt, die das Gesetz zur Errichtung der Deutschen Welle trägt, aber keine Vollzugshandlungen gestattet. Art. 87 Abs. 1 GG gibt dem Bund zwar die Verwaltungskompetenz für den

auswärtigen Dienst, er erwähnt aber den Auslandsrundfunk mit keinem Wort. Für die verfassungsrechtliche Fundierung der Deutschen Welle kann aber auch nicht Art. 87 Abs. 3 Satz 1 GG dienen. Ebenso wie die sie tragenden öffentlich-rechtlichen Rundfunkanstalten nicht mittelbare Verwaltung sind, kann auch die angedachte Stiftung des öffentlichen Rechts nicht als „mittelbare Verwaltung" qualifiziert werden, die staatliche Aufgaben, wenn auch in Selbstverwaltung, in einem Verhältnis staatlicher Nähe erfüllen würde. Art. 87 Abs. 3 Satz 1 GG steht im Abschnitt über die Ausführung der Bundesgesetze und die Bundesverwaltung und kann nicht staatsdistanzierte, freiheitsichernde Anstalten und Stiftungen des öffentlichen Rechts umfassen. Für sie ist also nach einer anderen Kompetenzgrundlage zu suchen.

27. Als verfassungsrechtliche Grundlage für die neue Stiftung kommen vor allem ungeschriebene Kompetenzen in Betracht, wie sie im Bund-Länder-Verhältnis seit jeher in Form von Kompetenzen „kraft Natur der Sache", „kraft Annexes" oder „kraft Sachzusammenhangs" anerkannt sind. Um eine Annexkompetenz zu Art. 73 Abs. 1 Nr. 1 GG kann es nicht gehen, weil eine solche nur zu einer Ausweitung der gesetzgeberischen Tätigkeit des Bundes führen könnte, nicht aber eine Vollzugsgrundlage bieten würde. Vielmehr wird auf eine ungeschriebene Kompetenz kraft Natur der Sache zu rekurrieren sein, weil die Auslandsrepräsentation der Bundesrepublik Deutschland im medialen Sektor nur durch den Bund und nur durch von und mit ihm ins Leben gerufene juristische Personen des öffentlichen Rechts (Anstalten oder Stiftungen des öffentlichen Rechts) erfolgen kann.

28. Der zu gründenden Stiftung des öffentlichen Rechts „Auslandsrundfunk" kann auch nicht ein angebliches oder tatsächlich existierendes Verbot der „Mischverwaltung" entgegengehalten werden. Abgesehen davon, dass die generell strikt zu handhabenden Kompetenzbestimmungen des Grundgesetzes zumindest im Fall besonderer sachlicher Gründe und einer eng umgrenzten Materie eine Kooperation von Bund und Ländern auch auf administrativem Gebiet zulassen, insbesondere wenn dabei kein Eindringen in den ursprünglich den Ländern zugewiesenen Verwaltungsbereich stattfindet, kann dieses angebliche oder tatsächliche verfassungsrechtliche Prinzip hier keinesfalls zur Anwendung kommen. Rundfunk, auch öffentlich-rechtlicher Rundfunk ist keine Verwaltung, sondern Verbreitung und Formung von Meinungen im gesellschaftlichen Raum und daher viel eher gesellschaftliche Selbstverwaltung als staatlicher Aufgabenvollzug, was sich auch in der Grundrechtsberechtigung der entsprechenden juristischen Personen des öffentlichen Rechts (einschließlich der angedachten „Stiftung des öffentlichen Rechts ‚Auslandsrundfunk'") niederschlägt. Ein Verbot der „Mischverwaltung" würde also von vornherein keinen Anwendungsbereich vorfinden.

29. Auch andere Kooperationsformen außerhalb einer Stiftung des öffentlichen Rechts sind denkbar. Gemeinnützige Gesellschaften (GmbH, Aktiengesellschaften) dürften wegen ihrer gleichwohl vorhandenen Gewinnorientierung jedoch nicht in erster Linie in Betracht kommen. Wenn Kooperationsformen vereinsartige Struktur aufweisen sollten, wären sie ebenfalls weniger geeignet als die Stiftung des öffentlichen Rechts, auch wenn diese als Trägerschaftsstiftung ins Leben gerufen werden sollte. Es kommt nämlich weniger auf Mitgliedschaft als auf Zugriffsmöglichkeiten hinsichtlich der eingebrachten Programmvorräte an. Die Einflussmöglichkeit der jeweils in die Stiftung aufzunehmenden Rechtssubjekte wäre durch eine entsprechende Besetzung der Stiftungsorgane zu sichern; Mitgliedschaftsrechte wären dagegen kontraproduktiv, weil keine personalen Interessen zu vertreten sind. Eine solche organisatorische Struktur sollte daher vermieden werden.

Zeitfracht Medien GmbH
Ferdinand-Jühlke-Straße 7
99095 Erfurt, Deutschland
produktsicherheit@kolibri360.de